Worldwide Acclaim for Sudoku

"Diabolically addictive."
   —*New York Post*

"A puzzling global phenomenon."
   —*The Economist*

"The biggest craze to hit *The Times* since the first crossword
 puzzle was published in 1935."
   —*The Times of London*

"The latest craze in games."
   —BBC News

"Sudoku is dangerous stuff. Forget work and family—think
 papers hurled across the room and industrial-sized blobs of
 correction fluid. I love it!"
   —*The Times of London*

"Sudoku are to the first decade of the twenty-first century
 what Rubik's Cube was to the 1970s."
   —*The Daily Telegraph*

"Britain has a new addiction. Hunched over newspapers on
 crowded subway trains, sneaking secret peeks in the office,
 a puzzle-crazy nation is trying to slot numbers into small
 checkerboard grids."
   —Associated Press

"Forget crosswords."
   —*The Christian Science Monitor*

Also Available

WILL SHORTZ PRESENTS
THE LITTLE PINK BOOK OF
SUDOKU

EASY TO HARD PUZZLES

EDITED BY
WILL SHORTZ

PUZZLES BY
PZZL.COM

ST. MARTIN'S GRIFFIN
NEW YORK

WILL SHORTZ PRESENTS THE LITTLE PINK BOOK OF SUDOKU. Copyright © 2010 by Will Shortz. All rights reserved. Printed in the United States of America. For information, address St. Martin's Press, 175 Fifth Avenue, New York, N.Y. 10010.

The puzzles in this volume have previously appeared in *Will Shortz Presents Snuggle Up with Sudoku, Will Shortz Presents Life Lessons from Sudoku, Will Shortz Presents Simply Scary Sudoku, Will Shortz Presents the Double Flip Book of The New York Times Crosswords and Sudoku.*

www.stmartins.com

ISBN 978-0-312-65423-8

First Edition: September 2010

10 9 8 7 6 5 4 3 2 1

5	2	4		7				3
6			4			7	8	
7			5			4		
	4	8						7
	6		2	8		9	4	
1	7		6			8	5	2
		2	3	9	4			6
	3	7			5	2	1	
	5			1	2	3		

2 Light and Easy

	3	2						
9	1			4	6			7
5			2		9	3	8	
	8	5	7		2	6	4	9
7	9		1	6	4			2
6	2							
	5		8			4		
	7				3		6	5
		9	6	5	7		1	

	3	1	8		7			6
7				3	2		4	
		2		1	4	7		3
3	6	8						1
				4			3	
2			3		9	5		7
6	2		5		1		7	
	7	5	4	2	6			
		9				2		

4 Light and Easy

	7	2		9	4	3	5	
		9	1	7				6
	5			3				8
	1		9			5	3	
5				6	2			9
	4	3			7		6	
			4	8	9			5
	6	5			1	9		3
		8			3	1		

6	5		2			3		4
8							2	
9	2		8		3			7
	7		9		2	4	1	3
	9		6			2		
2	3	1	4			8		
1		2		9			3	
						9		1
	6	9		5	8			2

6 Light and Easy

	9	1		7				
	7		9	8	5	1	2	
8					4		9	7
7			8		6	4		
	4						6	9
6	1				7			
			3		9	2	7	8
9		7	2				1	
	8	2			1		3	6

6		3			9			2
4			5			1		
5			3	6	7		9	
8	1			7		3	2	
2	6			3			4	7
		7		2	4	6		
			4		8		5	
9		8	7			2		
		6				7		4

8 Light and Easy

3			8	7				5
		1		2	4		3	8
		8	3	9		1	6	
6	3	7			8		2	
2					9	5		
	5				2	6	7	1
					3		9	7
9			1					
4		2		5				6

	2				8	7		
		9	2				3	8
3			7	1	6	2		
	7				9	5		
	3		1	7		4		
		1			3		7	
	5			4	7			6
8	6			9	1	3	4	
		7	3	6		1		

10 Light and Easy

5	4							
2		7			3	5	6	
6				5				4
	1		7					5
3		2	4			8	7	
4			5	6			1	3
1	2		6				5	7
9	8		3				4	
		4	2		5		8	

1	9		4			3		
		4	9	3		1	2	
			2	5	1	6	4	
	4				9	7		1
5		1	6					3
9	8				5			2
		7				2		
				2			1	
				7	3		9	6

12 Light and Easy

2		9		8		7	1	6
8				1				
	1						2	8
	5	6			8	1		7
		3		5		8	6	
7				6	3			4
6					1			3
	7	8	9				4	1
				7	4			

5		1			9	2		
7	6	2	8					
9	3		2	1		8		
8		5			2		4	
3			4			6		5
		7						1
1					7		6	3
	5					9	7	
			3	9	8			

14 Light and Easy

			6	9				
		6		5		4		
8					4		7	1
	3	2	5		6		8	
	1		8	2			6	
				7			1	3
		9	7					
4			9			8		5
2	6	1	3			9	4	

	4			8		9		3
3		1	9				4	5
			3	4				1
6				9	3		5	
4			5		8	3		
	3		6		2		1	
1		3	2			6	8	
							9	
2			1				3	

16 Light and Easy

				2		8		1
	9		8	5				
2	4	8		3				
6		9		4			8	
3		2				6	9	
4		5				7		
		7	6		4			
				8		4	5	6
					3	9		2

4	2		9	7				3
	6			3				
	7	1		8	6			
			3				2	
	4			9			3	1
	9				2			4
7								8
9		2					4	6
			1	2	3		7	9

18 Light and Easy

6	1		2					
								5
		4	7		9	2		
5	8			9		7		4
			1		8			
	7	1					8	
2	4	7		8		1		3
	3	8			6			7
9						4		

	6		9	2				1
			4					5
8	9	7		3		2		
7	1			9			4	
			7				1	
	4	6	5	1		3		
					2			
		4					2	
6	5	2	3	4				

20 Light and Easy

6	4			3	8	7	9	
	8							
	7	3					6	
					5			4
8			2	1	4			3
			9			2	8	
		8				5		
			4		6			1
5			7		9		4	6

8					6	5			3
	9	3	7		4			8
		7		9		1		
		2	5	8				
4		6			7			
							3	
6	7					8		
			9	7			6	
		9	4	2		7		

22 Light and Easy

9			7					3
		1				9	4	
7				1				
8		5	6		7			
	3	9		5	1	6		
			8	2		1		
		8			2		3	
3		7				2		6
5				8				

						1	4	
			2		1	6	9	
	6	1	9	7				2
4								
6	2			8		9		5
9		5		3				8
8		2			3		5	9
							3	
5								

24 Light and Easy

9	1	2			4		8	
		5				6		3
8						2		
	7				3			
				6	5			1
	5	1	4			3		6
	6		1				9	4
		4				1		
					6	5		

5			4					2
3					7		9	
7			3			4		1
				9		8		5
	5	7			6	2	4	
6								
			6			3		
2	1						8	
	3	8	9				2	

26 Light and Easy

		1	9					4
		4	2		8			
6	7				3			
1	5							
4					5	6		2
	6		4				9	8
5		7			1			6
		8						3
2		6			7		8	

1				8			3	
		9					1	8
				6	7			
	2		3		9			
7	1					4		2
						5		
6	7			3				
9	3		7				2	
		8			4			

28 Light and Easy

7				5		3	9	2
			3	7				
5			4		9	6		
							6	
			5		6	1		
	2						7	8
9			1	3		7	2	4
							5	
4		8	2					

		5	1	8		7		
		3	7		9			
				6	2	1		
	9			3		5		6
		6		4				2
7						3		
2		4	5		6			7
5					4			8

30 Light and Easy

		2				3		5
		3					2	
1		8		2				6
3					7		4	
			4			8		9
				3		2		
2					5	9		
4	9	5			2	6	1	
8	1			6				

4				9				
		8	2			1		4
				8			7	3
7	5	6			8			
							3	
		1			7	9	8	
6								
				5				6
9		5	6			4		

32 Light and Easy

3					8	7	9	5
5		8					4	2
9	7							
4		3		2				1
			4			3		
1		6	5	3				
				6				
				7	2	5		
8		7		4		6	2	

	1					9		4
5		8			3			6
	3				4			
		9	6					8
					5	6		9
	7			2				
			5	2	1	9		
3	5		4				8	7

34 Light and Easy

	6		9	5		1		7
			1			5		3
5	3	1						
		8			5	2	3	
			8		4			9
			3	2		7		
	7	6			8			
4				6				1
8				7				

				5	8	1		
		8	4					
	7			3			6	5
		6	1		5			3
		5	6		3	4	8	
			3		7			2
2	9				4			
5	3	7						9

36 Light and Easy

	4	8		6		9		
		9					5	
	1			4	5		6	
			8				7	
	6	3	7			2		
				1		8		
3			6	9	2	1		
						7		9
	9	1		8				

						8		1
		6						5
5	8						6	
	2		8	3	9			
	4		1				3	
	6	1				7	8	
	1		3	7	2			
		8		5			9	
						1	2	

38 Light and Easy

					8			7
		9			3			
2			9	4				
1	8			6			9	5
			7					6
		7	3					8
				2	4	8		3
		1	8		6			4
	4					2	1	9

	8	2	7					
1					6			
		7						5
	5			6	3		9	
				8		4		
9	1			4			3	
		4			5	1		
	2		8		1		6	
7								9

40 Light and Easy

				9		3		5
							4	
	1		2	8	4			
		4		1				6
		9			6			
5						2		
	9	8	5			7	1	
7			9		2		8	

6			7	5				
	8							
	7	5		4		6		
	5			3	1			4
9		4			7			1
			9			5	6	8
						2	3	
	9		8		2			
		7		1	9		4	

42 Light and Easy

		8	1				9	
	2		4		7	5		
	6	1				7		
		6	9			2		
1		3			2		7	5
	5						8	
			6		3	1		2
						9	4	
		5						3

7			6				4	
		9		2				
5	8	6			4	1		
6	2		3		8			
			2			4		6
9							8	
				8			2	
	9	7		5		3		
		3		7			9	1

44 Light and Easy

9		2		4		3	7	
		1			5		9	
5					9			
		4	8	9		2		6
		7				9	3	4
1			2	5		6	4	3
			6					9
							1	

	7					1		2
	6					7		
	5	1	6		2			
3						4		
	2	9						
		8	9	3				
					8		4	7
				5		2		9
							3	6

46 Light and Easy

					5	3	2	1
	4		1	3				
9							6	4
1	7		8			6	3	
8			3			1	9	
		3						
							5	
	8	5				4		9
4			2		9	8		

3	7							1
		5						
	1		2				5	
	5		6		3	1		7
			7			5	8	
	2							6
2		9			4	6		
8				5			4	
							7	

48 Light and Easy

3					1	5		7
		6					4	
				8			9	
5	2	7		4			3	8
6						9		5
		9						
	5				7	1		
	7	8		5		2		3
			2			7		9

6					2			
				4				8
	9	8			1	5	7	
8		5				4	6	
9								
	7	6	2					3
				9	7		1	
	4			6			8	5
						7		4

50 Light and Easy

	8			4	2		3	
	3	9	7					
	7		9					
8		3	1	6				
6	1					3		
								4
9		5			8	6		
3						9	7	5
1			4	9		8		

	5	9	2		7			3
							9	
						1		6
6	2							
3				2		9	8	
		8						
9			5	1				
		2			3		7	9
				4				8

52 Light and Easy

	2	8						7
	7				6		1	
	1	3	7			2	9	8
3				9			7	
			8					
	4					8		6
4					7	9		
		7	1		8		3	
		5					2	1

	6		5				7	3
		4	6					2
	9	8		3		4		6
							6	
		5	4			8		
3					8			7
4					6	1		
2			3	9				
	7		8					

54 Light and Easy

4							7	
		5		6		8		2
			9		2	1		
	3		2		7			
								5
1			3			9		
2		8						4
					3	5	1	
			5		4			

						5	1	
3				1	2			
4		9		5		2		
		1	3				6	
	8		6				7	9
		4			9		2	8
			5		3		8	
	6							
						7		

56 Light and Easy

2					5			3
			3	2				7
	4							
					9	5		
	2				4		8	9
	5	6					4	
1	6					2		
				4	1		7	
			7		6		5	

2	5		8					
8		7		3	5		4	9
				2				3
		1						
	4		3				6	5
3		2	7				9	8
9			4			3		
				7				
1								6

58 Light and Easy

			6			5	4	
	7	5				1		9
1		6			3		5	
7			4					
	4		9	7			3	8
							8	
	1				5		6	
8					4	7	1	

	1				5	7		
						1		
	2	3		8				9
		7	8			5		
	5	8		9	7			
		9				3		
						2		
7	6	1		2		9	5	
				5			4	

60 Light and Easy

	6		3		7		1	
					6		4	
3		1		2				
	7		4			2	5	
2			6	7	8		3	
	1	3		9				
		2				4	7	
6			2			8		
				4	3			1

				8				4
8	9					1		
			2		7			
	5		9			2	1	7
3				2	1		8	
			8				6	
4		3			9			
1	7		4				9	6
2								

62 Light and Easy

		8				6		9
			9	7		3	4	8
		2					7	
7				8	5			
	3		4					
					9			6
		9	7	3			8	
		7		6	1	5		
					8			

	2			1				
7		4				5		
	1				6			2
		8		4				
						7		
1	9	5						
			5	8	9			
	8	3			2	9	1	
			6				2	

64 Light and Easy

2		4		7				
			6			7	5	
				5	9			
			9			6		
					2			3
		9	1					
5	3				4	8		
	7				8			6
	2			6		5		

	2			5	3	7	6	4
9					7			8
			2		6		9	
5		7	4	3			8	
				5				3
		6				1		
7					8			
	9						3	7
6						5	4	9

66 Light and Easy

	1		4		8			7
	2						3	5
	3	9				1		
		6		1	7			
	8	7	9		5	3		
9	5			8				
	9							8
					1	2		
8			2					3

1		9						3
8	6				2	4	7	
	9		1			2	6	
		8			6			5
	1	5	9				8	7
7		2			5			
	3							
	8					9		2

68 Light and Easy

				1				4
5			9			8	7	1
4				6				
8	3							7
6	2	4	5					
		7					9	
			2		3		1	
	8		6			9		
		3						6

3				9	8	7		4
			2			5		
4		9	7		1	6		
7	9		4		2			6
5				6				3
	1							
6							9	
		2	1		9	3		
			5					

70 Light and Easy

4		8				2		
		9		3				4
3		6	8		5			
				8	6			
1			7		3			
						8		1
6						4		
5		4	9	6	2			
		2			7			9

	4	1	5					2
			8			9		1
8			7			6		
		3		6			1	8
			3					7
		4		5	8			
	7		9	8	3			
3	5		4					6
							7	4

72 Light and Easy

6					8		3	
	2	4	6	5				
	1	7	2					
				6	1	2		4
		8		2			6	5
		1						
						5		
	5		1			7	2	
	7			9		6	8	

	7			8	3			
		6		9	1	8	5	
3	5							1
					7			
5	9			4		6		8
				5			4	
							6	
	6					3	1	5
2			1	3				

74 Light and Easy

		5			4		1	2
			7	6				
4	2			1			3	
							2	5
	8			7	3			4
1						8		9
3	6	1				5		
					5			
		4						

			2			1		4
			6	4	3		8	
								2
9		5		7				
				8			7	
	6		1	9				
	1	2						8
8			7	6	5	4		
		4	8			3	6	

76 Moderate

						8	2	9
		9		8			4	6
	8	6						
					5		3	7
			3		4	6		
			2	9				
8				1		5		
	1	3	9	2	6			
		4			3			

3	9		8					
		6					4	7
8			4		6	3		
						2		
	5	3				6		
	8	1				4	9	3
	3	5			2		1	
		9						2
			1			7		

78 Moderate

	6		8				3	
	9	4		7		6		
					4			
1		6						2
			7			3		
8		7		2				6
2					6		1	5
			5	1			4	
		1				7		3

			5					
	4					3		
	8			9	1		7	
8			9	4		7	5	
		5			3	4		
				2		6	9	
	5			3	2			
		7	6	1				
1	3						2	

80 Moderate

9				2		3		
	8		3		1	9		6
			4	5				
7							8	1
				4			7	
	4	8					3	
	1		5			2		
		2		9				3
		3				7	1	

6					8			5
	3					2		4
				3				
			9				2	1
	9	5	8					
		2		5			6	
			7	6				
7		3				4	9	
	2			8		7	1	3

82 Moderate

				7	3	9	6	
8	1				2			
3	9			1			2	5
				4				
	2					1		4
5				9				8
1					4	6	7	
			1			4		9
		8						

1					8			6
		2	6					
					1	3	8	9
		1			3			
	2	8						7
	7	3		2			5	
	6	5						
	3		1		9	4		
4						2		

84 Moderate

				9				
		6	8	5			7	
9		4				8		
2	5			1	7			
8							1	
				6				2
					5	3	6	
	4	3				5		
5			6	2		4		

		5				4		
				6				9
				8			7	6
		7			9		5	1
	2			1	4	9		
3			7					
9	4	6	5	7	1			8
	1				6			

86 Moderate

	7	9	5			3		
						8		
1		5				7		
					3		4	6
		6		1				
	9	8						
			3	8	5		7	
9					1		2	
5	6		9		7			

	4			6				
9					1		7	
		6	8		4			
		3		1	5		9	
						8		
	1		2					4
	9	7			8			1
							6	
8			4		6	5	2	

88 Moderate

								6
1					4	7	2	
			8	9				4
			3					
		2	4	6				
	3		9	2			5	
				5	1			2
7		6					3	
	5	8	6		3			

	9				7			1
2					5	7		8
6			7			3		
1	5					6		
	8		9	3				
	1	5			8			
		6						
8	7			1	2		9	6

90 Moderate

		8		7			4	
2			3					8
					9	1	2	
								6
3	4			9				
1					8			2
		4						
8		6		2	1		5	
		9		8			6	4

	1				5			
7						4		
						7		3
		9						
		2			6	1		
			3		4	9		8
		7	6				2	
8			9				5	7
	2	6			3			1

92 Moderate

3	7			1		6		
		2		9			5	1
		6				9	8	
	6					1		9
	9						2	
4					7			
			7			3		4
	3			2	5			
					1			

				8			4	5
		8	2					1
			9				3	
9	7	1			8			
	8	5		4	1			
		6			2			
3		4				7		8
	5						2	
							6	

94 Moderate

					4		5	
		4						3
	9	5	6			4		
		9	5			6		
	7		9				2	
				1				7
4	1					3	9	2
	3						1	
	8							4

Moderate **95**

		9	5	6		7		
	5	8				9		
1		4	2		9			
	7			8	6			
		3			7			5
	4						6	
2					1			
3			4		2		7	

96 Moderate

			2	5			4	
				4				5
		6				4		8
		1	9				5	7
2			1	7				
6								
	8		4		3	5		
7					2	8		3

Moderate 97

	8					5		2
					5	8		
						1	9	
5	7			8	9	6		
				6				1
	2							
	9				4			
2	6			9		4	8	
		1					3	

98 Moderate

7								
5	9			6				1
			8			2		
						3		
				3				5
6	1			2				4
		7			4	8	6	
				5				
8		2		9		5		

1	6						9	
			7		6			1
	2				8			
						7		8
6				3	1			
		8			4			
3					5		7	
				2			3	
	1					6		9

100 Moderate

	8							
1			5	9			3	
			2	4		6		
				8			5	1
4				6				2
		5						
9		2		3				
						3		7
6	1							

			9	8		2		
	1			5			3	8
2								1
9			4		7			
				2			5	
		6	1				4	
		5						
				9		8		
8	3							

102 Moderate

		7	5	3				9
3		6		4	2		7	
5			4				6	
					6			
	9	3				7		2
2			8					
							5	
9	8			5	1			

2				6				
7		5						9
				9			1	
				2		5		6
	5				3			
		9		1	8		4	
		2					9	
		1			7		6	
4	7							

104 Moderate

		3	5				4	
		7		4			3	
	6							
	2		3			5		
	3		9		8			
	4				7			9
								8
					9	7	6	
	5	1				2		

Moderate 105

					1	9		3
							2	4
			8					
	7						3	
		5		7		8		1
	9	6	4	8				
	3	2		9	8		6	7
			1				9	

106 Moderate

			8		5		1	
		2		4				
	7		9					8
					3	4		
			2			3		1
	6							9
6					1	9		
		1			4			2
	3	9		5				

			1	7				8
		1	8		5			6
9								2
			4			3	8	
	7					6		
1					6	2		
					7		9	
				3	1	4		
2	5							

108 Moderate

6							2	
4	2			7				
						5		1
	9					8		7
			5	1				6
	8				4			
7		8	4					
				8				
5					3		9	

Moderate 109

								1
2		1				9	6	3
				6				
6		4	1		9	5		
3	2				5	4		
				7				
		9						8
			9					
4			2	3	8			

110 Moderate

			5		8			
		6	7					4
							6	
9								5
	2			3				7
	3				4		8	6
		9				1		
6			2		9	7		
3		4						

				2				
4	5		6			8	2	
		6	7		5		4	
1								
					8	7		
2					1			
		8	1	7	4		9	2
			5					4
		5					6	

112 Moderate

4			2					
1			4			3	9	
	7				6			4
8		9	3				1	
							6	5
		1			7			
					3			9
		6	1		2		3	
	3	5				2		

	2			1				
4			6					
5				2		3		
6				5				
	7	3				2	4	
			8				7	
7	8		9			5		
	9		5	6		1		
3				8				2

114 Moderate

	2	5		8				4
1								
					2		5	
			1			6	7	
			3	7		1		5
	5		8		9			
	8	2			6			
6	9				7	3		
							4	

						2		
8					2	1		
			4			3	5	
6		4						3
		1	3	2	4			
2			6		7			
		6	7					
4					6	5	9	2
		5					8	

116 Moderate

			1	8			4	
					7		9	
2					3			7
6	9		5			4		
7						3		
5	8	1						6
					9	6		
	1						2	
3				5	6			

Moderate **117**

				1	7		4	
6		1				2	5	
		8	4					9
5	3							
7							2	
				2			3	
9					6			4
			1					
		3		7	9		1	6

118 Moderate

			9			7		
		8			7	5	6	
	1					3	2	
					2		7	
	6	1		9				
				3				
		7			8	6		
8	2	6	5					
3				2	1	9		

	3		2		6			
6			7	9	1	8		
							9	
			2			5		1
2							7	
		5					6	3
	2	9	8					
7			1	6				
8		4				7		

120 Moderate

1		5						
					4			8
4	9						5	
				7		8		
6				2	5		7	
	2	7	3	1				
5	1			8	9			
	3		5			1		
8						9		

	8	3	2	7				1
		2	1			4		
9								
2	5							
		7	3		4			
					6		1	
							9	
		6		1	8			4
	2	9	6					8

122 Moderate

	3							9
	7	4	9			3		5
		2				7		
		7		8				4
				1	6		9	
	1							7
		8						
9			3			4		2
			6	7	4			

					7	8	4	
9			5					
		3					5	
4	3				5		6	
					4			
		1	8			2		
3			4		1	9		
					8	4	2	
7	6						3	

124 Moderate

		6				4		
3		8			2		1	
	5		8	4				
								3
2	3				8	1		
				6	7			
7	9		6				3	
					9			
			7	5	1	8		2

		4		3			8	
	8			2		7	9	
		5						
	2				6			
6	4			7		8	1	
		1			3		6	5
				1		2		
8	3						5	7

126 Moderate

		7						
				7		6	9	
	1	6			5	4		7
1		3			4	8	2	
	9				2			
8				1				
				3				
	6		7					5
	2	5					6	

Moderate 127

			2	4		8	7	
	5						6	
				3				9
1		2						
5	4							
	8			5	2			6
	7	9	6				8	
				8	7	2		
2					1			

128 Moderate

		4	7		5			
		9		8			4	3
	8			6	3	5		
9					7			
		6				2		5
2								1
				3				
		5	8		6			2
	1					7	5	

			1			7		
			4	7			6	
		1	3	5		9		
		8	2					
	2	4		9			7	
1		9		3				
	5					1	8	
	8						4	5
				4				6

130 Moderate

	7							2
6							3	
		5	7			1		
1				6			4	
				8			9	
3		7	1				5	
5	3			7				
		4						3
					1	4	2	6

2			3				1	5
				6				
	4		1			3	6	
							2	
	8				3	6		7
								8
7			4			5		2
6	9		2		1		7	
	3		7					

132 Moderate

	4				5			
		5			3		9	
		6				8	7	
6	5	3		7				
	7							
			8	5	4			3
1	8		9		7			2
	9		1					
								4

2					4	1		
	9		5	3				4
	8			4			3	
3	6							
4				2	5		1	
6		8	9			3		
		7		5		2		
		5	1				6	

134 Moderate

		1					5	
6		8						
7			1		5	2	8	
			7	1				
		3		5		8		
	2		8	9				5
4	6							
			4		7		9	
	8					7	6	

	8	6		5		1		
5	4			7				
		9			2			5
				1	7	4		
	3	2						8
						7	2	
			8		1		3	
	6		4			9		2

136 Moderate

	9							
2		5						
						8	1	
	3				4	5		
			2	1			3	9
	7				6			
		8	3		5	1	4	
	5			2				
		3	9	6		2		

		7						1
		8			7		4	
						7	8	5
			8	9	2			
						2		
5	9				6			
			6	7		8		
	1				5			
	2	3	1				5	9

138 Moderate

2							4	
				9		1		8
		6						
	1		6		5			3
4			9				5	
3	2			4		6	7	
5			3		9	2		
			2					
	4			1		5		

Moderate **139**

3							6	8
1			8		9			5
	5				8			
4					6			
		3				9		7
5	7			6				3
		6	2	1		4		
2					3	5		

140 Moderate

		6	5	8	2	7		
	3							
1	8			9		6		
						5	2	
		5			6	3		8
			2		3			7
				1				2
7	1				9			4

Moderate 141

		9					5	
			4			3		
	3			7		9		4
		1	6					
		8				5	1	9
	2			5		6		
	8				6			
	4	5		1			7	2
9								6

142 Moderate

2		1	9					
3		6		7	1			
7			4			5		3
		5						
		7		5		8		9
					8	4		7
		9				2		
				6				
	2		7		3			

		7		9			8	
	2					9		
4						3		
9						4		
		5			1		9	
2		1	4			5	7	
			2					3
		2	9	7				8
6					3	1		

144 Moderate

6		2		8				3
1						6	4	
	5			7				9
				9				
	2							6
9	1					2	7	
			2				6	7
		3			8			
		1	7			4	5	

Moderate 145

1			3	7				
						6	7	
2						4		8
8	9		7	6				1
		1	8	3				
9			6				2	7
		7	4				5	
	8		5			3		

146 Moderate

					6		5	
2		1	3			4		
5								9
				4				
9		6			2		8	1
	2	5						
						8		
3	5		8		4		7	
8			9	5		3		

		8	9		6			
			5			3		
1		9		7				
				3				4
	7						3	
	6	1		9			8	
	8			2		1		
6						7		5
	2		7			4		

148 Moderate

	2			6				1
	8	9			3		6	
			4	5				
					1	7		9
		8						
3		6				1		2
	7			8		9		3
			1				2	
8							1	6

		5	7	4		3		1
	7		1		6			
		4	2			9		
	1			7			9	3
2	3		9					
		6		1				4
					8		1	
	4							8

150 Moderate

	7	2		3				
	1		2					
5	8			4		3		1
			3					6
9				8	4			
4		1					5	
	9	6				5		
	5							
8				7		9	6	

Demanding 151

8	3							
					9	2	5	
		6			8			
	4							3
	6			1	7			2
		7		9	6		4	
9				8		7		
								9
		4			5			

152 Demanding

9					7			6
		8	4					5
	3			5		9	8	
			6			7		
				1			4	9
	8					5		
		9				1		
6			5			3		7

	5	4						
1			3					9
	7					4		6
			1	6				
3						5	9	8
							3	
			5	7				
8			6					
		1	8	9				

154 Demanding

		5		1		3		7
3			8	9				
2			7				9	
	5	1				7		
							2	3
		6			1			
		7				5	8	2
			4		7			

							3	
7	8		2				9	
		6	4	7				
2								3
							2	
				6		4	5	
	4			2	5			
1								8
		5	7		3			

156 Demanding

5			9		6	2		
	9	1					3	
	3			8				
	2				7			
	1	6					9	
3						6		
					9		1	2
			7					9
7					5			

			4				2	
	2		8		3			1
	3	4						
6			3		9			
						8		
5	4	3						
8								
		6		5			9	
	9	7		6	1	4		

158 Demanding

	7	1		3				5
						2	4	
9								
		3	4					
2						5		1
8					1		9	4
			6				8	
		6	7	5				
			2			6		

				2	6		7	8
				7				
	3	2				1		
3						9		
	4							
			9				8	6
		4	6		2	3		
	1							5
				4	8			7

160 Demanding

9		6			1			
	1			3				4
	4			2	9			
1			7			3		2
	8	4						
8	7		2			1		
							9	
		9	6				4	

Demanding 161

	3		2				6	
					8			5
		4			7			
			6		4	5	8	7
	5	9				2		
	4							
9		2	4					
			5		1	6	2	
			3					

162 Demanding

7				6			4	
								1
		5		2	7	3		
			8	9				
	3					4		
6		7				2	5	
								2
		9		5				7
	8					1		

Demanding **163**

				3		2		
8	9			5				
1		5						8
4			1		9	7		
						6	1	
							9	
		3	5					
	1			2	3			
	4		7				6	

164 Demanding

7				6		8		
				3				9
2		6					1	
		4				7		
				1		5		
	8		2					1
		1	8					
			4	2				
3	4			5		6	8	

		5	2		3			
4							6	
7			6			9		
	5			8	4			9
	2	6					5	
5	8				6		3	
					9	1		4

166 Demanding

	1	2			8		9	
8					7			
	6			2			4	
5							2	
			2		9	6		1
			4	3		5		
	8					9		
2		1					3	

	6	7					1	
	2		6				8	
			1		9	5	7	
					8		6	
		4						5
6					1	4		
2			7	4			9	1
	5							
				8		7		

168 Demanding

							4	2
3	4		5					
				1		9		5
9						6	7	
					7			
6			1	2	8		5	
		8	9					
4								
	5			8			2	

Demanding 169

		5	8					3
							4	6
		3	5				2	
7			9	4				
	8					7		
								4
9		6	2	1				
				9				8
5								7

170 Demanding

				3			8	
								7
	4			7	8	3		2
						7	6	
1			7	9				5
	2			4			1	
9		3	6					4
						1		
4		1						

7	2			9		8		
		5						6
							9	
			7	3	4			
	9	4	5				1	
		3				5		
				4				2
4					6	1		8
6		2			5			

172 Demanding

8					3		2	
				9	1	8	5	
	2				8		9	3
			1					
		6		8				7
7	4			6				9
5	3					4		
4								
			3					1

			1					
5	2							
	1		2	8			9	
		8		7			1	
7	3				6		5	
				4				
		6	3	5	4			
	4							7
		2					8	

174 Demanding

					4	2		
		1	8		6		4	
	9			1				
6				8	2			
7						8		9
8				9	7			
5						3		4
		3					6	

5							1	
		4	3	5	7		6	
	9		4			3		
			5	9				6
			2					
	3		6					8
	2							
	1						3	
6					8	7		

176 Demanding

							8	
	7	6	2			9		3
		3						
2				1	7			
				8			2	1
8	4		5		6			
1					9			
	2				1		7	
				6				5

						4		
2			9	3			8	
	3		4					6
	6				8			
		1		9	3	6		
8		5						
		8	7	4		9		
		2		1				7
6			3					

178 Demanding

6		1					9	
					6			8
	4		9					
				2	5	7	8	3
		4						2
2				8				
		6	8	1				7
	9			6				
		2				3		5

2		4		3			5	
				7	1			
1		9				7		4
						2		
	2				8			
	9	2		5	6		3	
8						6		7
	3		9	1				

180 Demanding

					6	4	5	
			9					
2	1				3			
		6	2			8		
	2	5			4			
							3	7
3					9			2
8	4				2			
	7		8					

6			5			8		1
			1		4			
5						9		
		2		7				
				9	5	7	8	3
		9		3				2
						1		9
2							3	
	1		3					

182 Demanding

							3	
		1	8		5			
		3		2				6
	6		3				9	
	4			5		7		
9						6	8	
4							2	
		5		7				
	7				9			

9						3		4
		1		9			2	
				5	1		9	7
	2							
				6	8	4		
	3		7		5			
						2		9
4	7		9			8		
			3					5

184 Demanding

	7			1	9		4	
								2
			6			7		5
1		2		7				
						8		
5								4
				3			5	
	9	3	8		7			6
				9	4			

		4		6	9			7
	7	8			1			
				1				
	9					2	4	3
	3					5		9
						6	2	
9	2				5			
		6			8	3		

186 Demanding

	8							
	9		4				7	
		4	5		2		3	
9	3			2			1	7
	1			3	6			
							2	3
		5		6	1			
						7		9
				5				

2	5				7			
7				5	8		2	
					1			
8							7	
5				2				9
	1	7				4		
3	7			8				6
				3				
	6						5	4

188 Demanding

							9	
	3	2	1	6				
					2			
3	8						7	
	5							6
				8	1	9		
		6				4		
				4	6			1
	1	9	5					8

		4				1		
								7
		6			4			5
2				8	1			
						9		
	3		6				5	
	5	8		9		4	1	
			5			8		
					3		2	

190 Demanding

	2		6		3		4	
3								
					7		5	9
8		9						
		2	4			5		8
						1	6	
1				7				
		3			9			2
		7		8				

Demanding 191

		2	3			7		
3	5				1		9	
								8
4	9	3	2				8	
				4				
		1				5	3	
		8	1	3				2
5		9		8				3

192 Demanding

		7					3	
				6	8			
			4				2	5
			7	9			6	
		3	2	4				
6	5							
9				1		8		
		5			2			1
			3					

				5	1			
		9		7	6			
3	2						1	
	7		6					1
		8					2	
				4				9
		5						
	8	2						
				9	3		8	6

194 Demanding

							3	
	9			1		5		
			3		4		2	
			8			2		
5				9			1	
4								7
	7		6					
				8				5
6		3	2		1			

					5	3		
				9				
	2				1		8	6
	3	1				6	2	
8	9	2		4			5	
			8					
						7	6	
9		7		1		5		4

196 Demanding

			9		7			
				5	4			3
4			3				2	
6								
			2	4	3			7
	1					5		
			1			9		
								5
2	5				8	4		

		7	8			5	3	
				6				
							7	4
5		8			2			
			3		4			
		2				8		
	9				5			1
4						2	5	
						6		8

198 Demanding

			5	6	3			
6	7						2	
	9				2			
		3		8	4	5		
2							1	6
					7			3
		2			5	8		
		8		2			4	9

			1					7
2				3		6		
4			5	2				
	1			4		3		
	6					2		9
						7		6
9	5	2				8		
3								
			9	5				

200 Demanding

7								
	8		6		1		2	
			5				9	7
		7	3	5			6	
				1				
2								3
					2	3	4	
	1	5	7		4			
8								

				2				9
		1		5	3	2		
	9		1					8
		2		4	7			
	1	7						
					5	9		2
	7			9		8	4	
		6	3					

202 Demanding

		4		7	3	2		
	6			5		3		4
5					8	1		
	3		8					
					7			
		5					2	9
1			7					
				2	9			
	7			4				

Demanding 203

	8	7						9
9			7					
			3				1	
5		2						
							4	
		9	1	4			2	8
4					6	5	7	3
		8				6		
					1			4

204 Demanding

5			9	8				
		3		5		1		
			3	1				
8					7	4	6	
			2			7		5
				3				
		8						9
	7					6		
	3		5				1	4

7				4	9	5		
		9				3		8
1		6	5			4		
					1	8		
8			4					
					8		2	
			1	5				
		3						
5	2		8			9	6	

206 Demanding

	7						1	
					9	6	8	4
			4					
				8				
		2	7	1		8		
				5	6		9	3
						9	7	
	2	4		6				
	3							5

Demanding **207**

				4	2	5		
		7						6
	2			9			3	1
6		4						8
	8	5	4			1		9
			1	6				
	7			5			9	
						3		2

208 Demanding

				4		7	9	
6					1	3		
		9						
3								
				5		4		
2	1		4		3			6
							4	8
9						5		2
			8	1	4			3

6	3					7		
5		2						1
4								
	6			9	8			
						8	1	
						9	4	
		4	1	7			9	3
	7	5			6			
				8	3			

210 Demanding

8	9	2						7
					4		8	6
								5
				9		5		
9			7				3	
	1	6			5			
					6		7	
		4						
5			8	7		6		2

				5		9	2	
				4		3		5
		6						
		9			1		8	
				6				
	8			2	7			1
	5					4		
		3					6	
7					2		3	8

212 Demanding

6	2			1		9		
1					5		8	
				8				
		6			7			
						4		
	4	9	3			7		2
			7		4			
3	9				6	8		
				5				

			3		7			
	7			9		2		1
	2			8			6	
2						9	7	
			1				8	4
7					4			
	4					1	3	
	6				9	4		
						6		

214 Demanding

1	6		7					
					4	3	2	
	5				3			1
	8			9				7
2							1	9
	9	7				8		
						4		
			2		5			

	7	5	1				6	
4			7					
	8				9			2
				9				4
				8			7	9
		1		2	3	8		
	1							8
3					4		9	
						2		

216 Demanding

		2						
						8	7	
		1	6	3				4
			3		4			7
3			1	2				6
			5				8	
	5	8						
					1	9		3
	2				6			

	4				8	7		
7	9				6	1		4
				5		6		3
							7	
		8		6				
			5	1			6	
	1			4				5
	7		2		9			

218 Demanding

				9		5		
4		3	2	1		8	7	
								1
		5	1					
				3	4			2
	3	8		2				
						7	8	
	1			4			6	
	9		3					

7			3				4	
		6		4	7		5	
	5							8
						1		6
5			7		6	9		
					9			
				9			2	4
					8			9
		2				5		

220 Demanding

			7					
	4	2		3				9
			1	2				
1								
	3	5			7		4	6
			6				7	
		8						5
	7					3		
	2			8	3			4

Demanding 221

6		7						4
							2	
	5		8		3			
			1			7		
				9		1		5
	4	6	7					
		5		7	1			
	3	2						
				8	5			9

222 Demanding

1	3				7			
2	7			3				
	9					6		4
6			5					
					8	7		
8		5		2				
	6					1		9
		9		7			4	

		3					2	
		4			9	1		
	1							9
				1	2		6	
		8						
			9	7		5	1	2
8				6	7			
				8		3		
			5				4	6

224 Demanding

	1							
			6	9		1	7	2
2						9	6	
			2		4			6
								7
				6	5			4
4	2	3						
				4				
5		7					8	3

5		7	9					
		8					2	
	2	9	1			6	5	
4								5
	9			1	2		3	
	3		7					
		4			3	7		6
				9			8	
						2		

226 Demanding

5				4		9		
							8	
2								6
				3				9
3		9		2	1			5
					7		6	
	7		4				1	
	5			1	6	3	4	
		3						

					3		8	5
		2		7	8			
		3		9				
		6				5	4	1
1		7		8	9			2
	1					6		9
			3	6				
	6						5	7

228 Demanding

6	8						3	5
		7						8
	1				7			
	6		4					
4				7	5		6	
							8	
					6			9
3					4			
2		4			9			1

			3					7
	5		2					6
8				1	4			
		8						
1				4	9			
			5		1			2
						7		
2						3	9	8
9			6					4

230 Demanding

				5			2	3
					6			
7	6	2						
			6		1			
5				2		9		1
2								
					8		3	4
		1	9				6	
4			7			5		

		6	3		5	8		2
9								
				8		3		
	8		6	7	9			1
		2						
							4	9
7					3	1		
2		4	7	6				

232 Demanding

		6	7			8		
						2		3
2							9	
	4		8					
	9	1		6	3			
4						3		
		8	9	1		7		
5						6	1	2

							3	
			5			8		7
5	7		2					
				3	6		1	
		8		7		2		
3								
7		6			1			9
		1		2				
			6				4	5

234 Demanding

		5					9	
1	6		5				7	
		7				6		
8		6				7		
					9	8		
2			4	3				
			9	6			1	
	9	1					8	
3					4			

	4			1				
		3	4		9		2	
		8			2			
	7		2			5		
8							6	
	9	6				3	7	
								1
		4	8					
	1			4		6		7

236 Beware! Very Challenging

7		4	5		8			
2		1						
			8				3	9
1	5			9			7	
		3			2	1		
8	6			2		7		
		2				5		1
								6

	2				3		4	6
	6							
					8	5		
5	9							
4				2		8		
			1					
	4		5					
		6	7			1	2	8
					9		3	

238 Beware! Very Challenging

					5			
				9			2	8
2							7	
	2					4		
7						8	5	
	3		6					2
1						9	8	3
		8	7	5				
6				1				

	2		1	4				3
			5	2	9	8		
				8				4
4		6						
7								5
		1	9		2		7	
	8							
	6				1	9		

240 Beware! Very Challenging

				1		2		
		5		6				
9				8		4		3
					2			
		4			1	3		
3		7		9		6		
7								1
						5		9
	6	3						

		2	6		1			7
			4		3			
		8			9			
9		3					6	
	5							
	8			2			3	
3		9						
						7		8
		4			2			9

242 Beware! Very Challenging

	2		9			1		3
								5
	8		1				9	2
				4				
1						5		6
4	3			5	6			1
		4					8	
	6		4			3		
				2	9			

	3							
1		8		3				
			2				5	
	1			5		6	4	
			8					
	9	5	4		6			
9					4	3		
	5		6			1	2	8
					2			

244 Beware! Very Challenging

8	2						6	
	1	3					4	7
			5	9				
2	8		7					
		6					7	
					9	4		8
				8	7			
6				1		5	2	9

		6						8
						7	1	
		3		7	1			
		2		5			9	6
6		9						
			2				3	5
	8		5	4		9		
	3		8		6		4	

246 Beware! Very Challenging

	9							2
						3		
8	3		6		2	7		
	7							
			3	9			4	6
			4		8			1
		9					1	5
	5		8	2		4		
		6						

	2					4		
6			1					
	4					5	8	
		7				9		8
		9		2				
3					8			
	3			9				1
	1			8				7
				6			2	

248 Beware! Very Challenging

				6	8	9		
							4	
5	4		7					1
9		3		8				
	7	8			5			
			9				1	
6					4			
	8					1		
			6	2			7	3

	4		9					8
3					1			
	6	1	4				9	
				2	5			
	8	5				2		
							4	
						6		
		3		7				
1		2		5	8			

250 Beware! Very Challenging

8	3			2	4			
9						1		
							8	
7		3	5					8
	9			6		2		
	5		2			4		
4						6		1
2			3					
	1				6		9	

				5			9	8
3		8	7					
		1						
			6		1			
4			3		7	5		6
					3			
	5				4	7		2
1		3		2		4		5

252 Beware! Very Challenging

	2							
	4		6			5		
9		5				6		
8				6			4	
		2			9		1	
1			3		8			
					7		5	
	8	1					2	
7			5			9		

		5			6	4		
		6	8			3		
9				1			7	
						1	4	
		8						9
	4		6		5			
1				7	4		5	
		9					3	

254 Beware! Very Challenging

3					7		4	
	5	1		3				
9	6							8
				2	9		6	
6								
4			3	1			2	
								7
	1			9	2			4
5				8				

5			7			6		
7	8		6					
2					9			
	4							3
8			5			4		
			8			1		9
							2	
6		9						7
	2		1	7				

256 Beware! Very Challenging

				6	3	7		8
								5
		2				9	3	
6			7	8				
	5		9	2			1	
	2			5				
		8			4	3		7
							6	

		7					3	
			9	8	1			
6		8				9		
9	4		7					
							8	4
				3			1	
7			4	1				3
	3	5			9			
						6	2	

258 Beware! Very Challenging

							1	6
	7	3			1			
		9				2		
					9			
		1	4			3		
8		6	2	7				
		4			3	9		2
							5	
7			5		4			

							9	
		5		3	1			
		8		9		4	2	
6						5		
5			7				8	4
	1		2			9		
					4	7		
					3			
	8	6					1	

260 Beware! Very Challenging

			4	8		1		
		1				2		
			7	6		3		9
8							5	
7			9					
	6							
	2	5					8	
3				7	6	9		

			9		3		2	4
3			2					
			1	8		7		
					4			
2		9		5				
4			6				5	
		1	3					
		5			8		9	
9	6					1		

262 Beware! Very Challenging

							2	
	2				4		5	
		3			1	4		6
1	6		7			9		
		8			9			
3	4					8		
			4		8			
9	7		5			1		
	3		6					

4						5		
	8		5		9			
		5		3			9	8
	7						2	
			3		5	9		
				9		1		4
		8	6					
	9			4				3
7	5	2						

264 Beware! Very Challenging

		9	3					
6					7	9		
	7				5			
				5	1		8	
9		4			3		5	
	8		4					
7							1	
5		2		1		8	9	
		8		7			4	

				5	4			3
6	1							
		7	1				5	
5				6				
		8	4					
		6		1		4	7	2
		1					9	
				2	3			1
							4	

266 Beware! Very Challenging

		7		4		9		8
	5			3				7
				5				1
1			3			4		
2								5
					4		9	
			2		8	3		
	2				9			
		9						6

							1	
			9	7		3		
		6	8	3	1			
9	4				5			
	6					1	4	
			3	8		2		
7		5				8		
3							2	

268 Beware! Very Challenging

9								
	4		6	8			7	
		5					8	6
				6		3	5	
			8	7				1
			4					
						4		
	6			5		1		8
	3							

	1		8		5	3		
		5	7			1		
	3					4		
	2							
				6				5
		7					9	
1		9			8			
		8		5	6	2		7

270 Beware! Very Challenging

			8	2				
			1				6	7
	2	3			6			
	3	8			4	1		
1								9
	6	9						
		7			2	4	3	5
	4				3	8		

			9					
			6	5				1
3								2
4		2					3	
		3		7		1		
				6			7	9
8		5						
7	6			1	2			
					8			

272 Beware! Very Challenging

	3	1		4				2
			6	1			4	
		2						
						3		
4	1		5				8	
8	5					6		
					5			
		9			3	4		
			1	8	9			

	1	8			7			
9					2	4	3	
		2				9		
			4					2
	2		8			1		
6	4				5			
3							9	4
		7		6			8	

274 Beware! Very Challenging

7		6		1				
						5		6
9							2	
					5	2	1	4
2		1		8				
			3					
				9	4	3		
	6				3	4		
	8					9		5

		9				3		
			5		4			
2		7	8				5	1
		8	1					2
				6				
1						9		7
					2			
	3				7	1		
				8			6	9

276 Beware! Very Challenging

						4		
2				9			8	1
			5			9	7	
			7		5			
	3	4						
8		2				7	6	
4	1		3	2				9
5		3			7	8		

3		6			2		4	
7								1
				8				
2			3		5		7	
							1	
	1			6				
5					9			3
	9			4	8	5		
								8

278 Beware! Very Challenging

				9		8		
	4						7	9
								3
3					6		4	5
	9		3			2	1	
2		9		7				
	1				8			
	8		6	5				7

	3	7					4	6
6							7	
8				5			3	
	1	6			8			
			4					
				3	5		2	8
				6				2
	9			4		7		
1					2			

280 Beware! Very Challenging

		2			7			6
			9					
6				2		5		3
							7	
3					6			
		7			5	9		2
8			1		9			
	1						3	
9				3		2		

	5	6					2	3
8	9							6
			3					
			1				9	
					4	7		
7		1						8
					2	6		
	6				7		8	4
9	8			1	3			

282 Beware! Very Challenging

	2					6	7	
3						4		
			2	4	9			
		1		7	5			9
	9							
			6	1		3		
4				2				6
7	3							

4				9				2
		1				3		
	9	6	8					
			5	2				
1		4					8	
3			6					9
				5				
		5	2			1		
							7	6

284 Beware! Very Challenging

8		7		1				
				9			8	
2		4						
	4				2	6		
		3	1		5			
			3			9		
5								1
					4			5
			8			7	3	9

					7		5	
				4		8		
7	2		9				1	
			1	7			9	
6		5			4	3		
	8							
		1		6				5
	6			3	8			4
2								

286 Beware! Very Challenging

		2	9				1	
	1			2				5
				6	3		9	
8							7	2
7			2				6	8
				1			3	
1		6						
		4		5				
	3	8		9				

		4			6			
3		9				8		1
				8		9		
	6	2		5	1			
8				6		2		
					3			5
6						5		2
	7						9	
					8		4	

288 Beware! Very Challenging

2				5			1	8
5		3		4	8		7	
		5						
		6		2		3		
	7				4			
3						2		5
							8	6
7		4		8				

								6
		7				9	1	
9					5	8		
3	8			2				
			6					5
6					4			
7								3
	4		2			5	9	
		2	8	9				4

290 Beware! Very Challenging

9		3	8					7
1	8				2	6		
4			9			1		5
			3					
	1				8		7	3
	6			5			8	1
	5							
			7				3	

2			9					4
			5			9		8
		3				5		6
								1
7					8			5
	3		2	4				
	4			2			6	
	7			8	9			
6				1				

292 Beware! Very Challenging

			1		2			
			4			6		
3						5	4	
		7				8	5	
			2	8	7			
					5		6	
		1						
8	6						3	2
			5	4			8	

							9	
	6				5	8		7
	5		3	8				
		4		9				
		3		2				4
	1			7	8			
			1	4			2	
3					2			
		9					8	

294 Beware! Very Challenging

1			9			8	4	6
	5							
				6		5		9
7	4				8			
6				5				
			2				7	1
					7			
				9			1	4
	7				3	9		

						7		5
			6					2
4				1	3			9
	3	5			4			
			5		6		3	
8				2	7			
1	4						9	
		3			2	6		
	8							

296 Beware! Very Challenging

8		7					1	3
			9					
5					4			
	2	1				6		
6			4					
				8	1			
	4				7		9	
	3	5						8
							7	2

	7	1			2		4	
9		2		1			6	
3	5	4						
			1					3
			4					
2		6			9			5
							2	
			3		7			4

298 Beware! Very Challenging

1					4	5		
		9		2			1	
	7		9	5			4	
								6
		3		1			7	
2						8		
		8						
			7				9	
		7				3	5	1

	8		7		6			
4				5				
			9			2		
	2	4					1	
		7		8	1			6
		3						7
				6		3		4
				7				
				3	9		7	8

300 Beware! Very Challenging

9						5		
5					7		6	
	2			4				
					6		7	
		1			8	3	2	
8			4	3				
						4		1
		2					8	
6		4		9				

1								2
		4			1			
	2	6			4		9	
					9			
7				5				
			3			8		6
			6			9		
4		9					5	
		7	2				4	

302 Beware! Very Challenging

	7			3				
		9		1			5	4
5	6					1	9	
3		1						
					7			
8						9	2	
		2				8		
6						5		2
				4	9	6		

	1						4	2
					6			
4		9		8				
5					4			9
	7			2	5			
					9	7	1	
7		3				2		
	2						5	
6				9				8

304 Beware! Very Challenging

4	3			2				
		9						8
	6		5			1		
	2		3	9		5		
	9	7		4		3	8	
5							7	
						4		6
3					2			

2		8		7	9	5	1	
	3						2	
9				3				
				2	7	8	6	
				8				9
					1			
		2					9	1
	5	6	4					8
			8				5	

306 Beware! Very Challenging

					9	7	8	6
					1			
	2			8				
		3					7	8
6	8			1				
	4			2	5			
					4		3	
4	1							
		9		7			5	4

				6	8	9	4	
			2					
	5			1				
		9		7				
2	1							7
	3			4		8	9	
		5			1			9
9		7		5		6		3

308 Beware! Very Challenging

		8	4			5		
6				1				
	1							
	2							
9	7					4		
		3	8		2		9	
	3				6			5
7							4	
		6	1	7			2	

			3	6	8			2
7								
		9					1	
					2		6	5
						8		9
9			1	5				
5		1	4	8	3			
	4	7						
					6	2		

310 Beware! Very Challenging

4							1	
		1			5		7	
				8	7			9
						2		4
			8		9		3	
3				2				
	7		9			6		
	4		7	5		1		
		3			4			5

							5	
5			9	7			4	
4		7		5		3	8	
	2	3						
	8			2			7	
	7					8		
		8			3	4		1
					1			
			4			6		

312 Beware! Very Challenging

					9		3	
		3					7	
				2				1
			9		8	7		5
		7					6	
	5	1					8	
					7	4	2	
	2							
	1	5			3			6

						4	8	
		4			6			
3		5						
	8		3				9	
		2	4					1
					9	2		5
	9					1	2	
4				1	8			7
								3

314 Beware! Very Challenging

						6		1
	8	2						
1			3	9				
			9	1	7			
6	5						7	
				6			4	
		1		7				
				8	4			3
2		4	1			7		

	1		8		4			
6							8	3
	7		1				2	
				9	8			
8			2				5	
			7	6				
								2
		3	5	7				4
9				4			7	

316 Beware! Very Challenging

			7	4			5	
	2		1		6			
		6		3			2	7
3			8					6
			3			5		4
1						7		
		4		2		3		
								1
		8		5				

7			5				6	
	8				7			3
9					4		1	
		1						
			9	6	8			
	7			3				
	9							1
	3			2				
		4			6		8	2

318 Beware! Very Challenging

1	6			9		2		7
						3		8
	7						6	
8	9							
			7					
4	1				3			
3					4	1		
				2				6
	5		1		9	7		

		5		1			7	
3							6	1
9							5	
					2	4		
5	7	9	1					
		6			5			
	8		4		9			
					7		4	2
								8

320 Beware! Very Challenging

4		9					2	
		8				1		3
					7	6		
			9					
	7	5	3					
				1	2	3	6	
			4		1	2		
		3				9	5	6

	6				8			
8			1					5
		3		2				
			9		3		5	
				1		3		
9		4	2					
		6						
	4	5		3		6		1
			7				9	

322 Beware! Very Challenging

7					4			
				2	9		1	
4			8				7	6
		5	6					
				8		2		
		4					3	1
	1		2	5	8			
				3		6	8	
		3						

4			5					
9		5						
	7				8	6		
	4							9
			2	3	6			7
3					7			8
				1		2		3
			6	8		7		
8		1						

324 Beware! Very Challenging

		5	1				7	8
					9	1		
6								
8					2			
	7		4					
	1			8	3	2		4
2							9	
			9		5			6
	3					8		

	2	3			5		4	
								8
	6	4						
	3		4			9		
				7				1
						2	6	
4				6	3		5	
	8		9				7	
		1	5					

326 Beware! Very Challenging

		3	5	8		1		
		2	3	9				
			1					2
	8			7				
		7					2	
		9				4	1	
5						6	9	4
	4			6				
	9							5

	8	2	9					
				7				4
4		3						
9			4	1			8	
	6						7	
						2		
6						7		5
		1	6					3
			3			9		

328 Beware! Very Challenging

4				6				5
	5	7						1
3				7			6	
5				4			8	
	2			8	9			
						7	5	
					3			
	1		2			4		
	7						3	

		2			8			
					5			7
4				9			3	
				4			1	
				6		2		9
2							8	
3	1							4
	7		5					
8			1					

330 Beware! Very Challenging

	9				2		7	3
6				3				
1						8		2
2		8	7					4
4							3	
	1		5					
	6			7				
			4		1			
		9		5			2	1

7					4			3
2			6		5			
						1		
4			8	9	3	2		5
					2	6		
				6				
		4			1			
	7						2	
3		2				8	7	6

332 Beware! Very Challenging

	7			3				
			7	4			5	
	5						3	9
	9							8
2			1		8		4	
	6	7	4			9		
					9		7	
			8	1				
		2						

		7	2					
9							3	5
	6			9		7	4	
8			7	1				
		6		4				
1	2	3	9					6
	9							
5			6			8		9
							2	

334 Beware! Very Challenging

							5	
		7				9	6	
		3	2	7	5			
			1		7	5		
				8	2			
			9				4	
3								4
		6	7		4			1
	2	8		6				

9					2			8
1	5							
					5	9	4	
2		3		5			1	
		6			1		9	5
				9				
3			9			7		
		7		6	8			
	2					6		

ANSWERS

1

5	2	4	9	7	8	1	6	3
6	9	3	4	2	1	7	8	5
7	8	1	5	3	6	4	2	9
2	4	8	1	5	9	6	3	7
3	6	5	2	8	7	9	4	1
1	7	9	6	4	3	8	5	2
8	1	2	3	9	4	5	7	6
9	3	7	8	6	5	2	1	4
4	5	6	7	1	2	3	9	8

2

4	3	2	5	7	8	1	9	6
9	1	8	3	4	6	5	2	7
5	6	7	2	1	9	3	8	4
1	8	5	7	3	2	6	4	9
7	9	3	1	6	4	8	5	2
6	2	4	9	8	5	7	3	1
2	5	6	8	9	1	4	7	3
8	7	1	4	2	3	9	6	5
3	4	9	6	5	7	2	1	8

3

4	3	1	8	5	7	9	2	6
7	5	6	9	3	2	1	4	8
9	8	2	6	1	4	7	5	3
3	6	8	2	7	5	4	9	1
5	9	7	1	4	8	6	3	2
2	1	4	3	6	9	5	8	7
6	2	3	5	9	1	8	7	4
8	7	5	4	2	6	3	1	9
1	4	9	7	8	3	2	6	5

4

6	7	2	8	9	4	3	5	1
8	3	9	1	7	5	2	4	6
1	5	4	2	3	6	7	9	8
2	1	6	9	4	8	5	3	7
5	8	7	3	6	2	4	1	9
9	4	3	5	1	7	8	6	2
3	2	1	4	8	9	6	7	5
4	6	5	7	2	1	9	8	3
7	9	8	6	5	3	1	2	4

5

6	5	7	2	1	9	3	8	4
8	1	3	5	4	7	6	2	9
9	2	4	8	6	3	1	5	7
5	7	6	9	8	2	4	1	3
4	9	8	6	3	1	2	7	5
2	3	1	4	7	5	8	9	6
1	4	2	7	9	6	5	3	8
7	8	5	3	2	4	9	6	1
3	6	9	1	5	8	7	4	2

6

2	9	1	6	7	3	8	4	5
4	7	6	9	8	5	1	2	3
8	5	3	1	2	4	6	9	7
7	2	9	8	3	6	4	5	1
3	4	8	5	1	2	7	6	9
6	1	5	4	9	7	3	8	2
1	6	4	3	5	9	2	7	8
9	3	7	2	6	8	5	1	4
5	8	2	7	4	1	9	3	6

7

6	8	3	1	4	9	5	7	2
4	7	9	5	8	2	1	6	3
5	2	1	3	6	7	4	9	8
8	1	4	6	7	5	3	2	9
2	6	5	9	3	1	8	4	7
3	9	7	8	2	4	6	1	5
7	3	2	4	1	8	9	5	6
9	4	8	7	5	6	2	3	1
1	5	6	2	9	3	7	8	4

8

3	2	6	8	7	1	9	4	5
5	9	1	6	2	4	7	3	8
7	4	8	3	9	5	1	6	2
6	3	7	5	1	8	4	2	9
2	1	4	7	6	9	5	8	3
8	5	9	4	3	2	6	7	1
1	6	5	2	4	3	8	9	7
9	7	3	1	8	6	2	5	4
4	8	2	9	5	7	3	1	6

9

6	2	4	9	3	8	7	5	1
7	1	9	2	5	4	6	3	8
3	8	5	7	1	6	2	9	4
2	7	6	4	8	9	5	1	3
9	3	8	1	7	5	4	6	2
5	4	1	6	2	3	8	7	9
1	5	3	8	4	7	9	2	6
8	6	2	5	9	1	3	4	7
4	9	7	3	6	2	1	8	5

10

5	4	1	8	2	6	7	3	9
2	9	7	1	4	3	5	6	8
6	3	8	9	5	7	1	2	4
8	1	6	7	3	2	4	9	5
3	5	2	4	1	9	8	7	6
4	7	9	5	6	8	2	1	3
1	2	3	6	8	4	9	5	7
9	8	5	3	7	1	6	4	2
7	6	4	2	9	5	3	8	1

11

1	9	2	4	6	8	3	7	5
6	5	4	9	3	7	1	2	8
7	3	8	2	5	1	6	4	9
2	4	6	3	8	9	7	5	1
5	7	1	6	4	2	9	8	3
9	8	3	7	1	5	4	6	2
8	1	7	5	9	6	2	3	4
3	6	9	8	2	4	5	1	7
4	2	5	1	7	3	8	9	6

12

2	3	9	4	8	5	7	1	6
8	6	7	3	1	2	4	9	5
4	1	5	6	9	7	3	2	8
9	5	6	2	4	8	1	3	7
1	4	3	7	5	9	8	6	2
7	8	2	1	6	3	9	5	4
6	9	4	8	2	1	5	7	3
5	7	8	9	3	6	2	4	1
3	2	1	5	7	4	6	8	9

13

5	8	1	7	4	9	2	3	6
7	6	2	8	5	3	1	9	4
9	3	4	2	1	6	8	5	7
8	1	5	6	3	2	7	4	9
3	2	9	4	7	1	6	8	5
6	4	7	9	8	5	3	2	1
1	9	8	5	2	7	4	6	3
2	5	3	1	6	4	9	7	8
4	7	6	3	9	8	5	1	2

14

1	4	7	6	9	8	3	5	2
3	2	6	1	5	7	4	9	8
8	9	5	2	3	4	6	7	1
9	3	2	5	1	6	7	8	4
7	1	4	8	2	3	5	6	9
6	5	8	4	7	9	2	1	3
5	8	9	7	4	2	1	3	6
4	7	3	9	6	1	8	2	5
2	6	1	3	8	5	9	4	7

15

5	4	2	7	8	1	9	6	3
3	7	1	9	2	6	8	4	5
9	6	8	3	4	5	7	2	1
6	1	7	4	9	3	2	5	8
4	2	9	5	1	8	3	7	6
8	3	5	6	7	2	4	1	9
1	9	3	2	5	7	6	8	4
7	5	6	8	3	4	1	9	2
2	8	4	1	6	9	5	3	7

16

7	5	6	4	2	9	8	3	1
1	9	3	8	5	6	2	4	7
2	4	8	7	3	1	5	6	9
6	7	9	3	4	2	1	8	5
3	8	2	1	7	5	6	9	4
4	1	5	9	6	8	7	2	3
5	2	7	6	9	4	3	1	8
9	3	1	2	8	7	4	5	6
8	6	4	5	1	3	9	7	2

17

4	2	8	9	7	5	1	6	3
5	6	9	4	3	1	7	8	2
3	7	1	2	8	6	4	9	5
8	5	6	3	1	4	9	2	7
2	4	7	5	9	8	6	3	1
1	9	3	7	6	2	8	5	4
7	3	5	6	4	9	2	1	8
9	1	2	8	5	7	3	4	6
6	8	4	1	2	3	5	7	9

18

6	1	3	2	5	4	8	7	9
7	2	9	8	3	1	6	4	5
8	5	4	7	6	9	2	3	1
5	8	2	6	9	3	7	1	4
4	9	6	1	7	8	3	5	2
3	7	1	5	4	2	9	8	6
2	4	7	9	8	5	1	6	3
1	3	8	4	2	6	5	9	7
9	6	5	3	1	7	4	2	8

19

4	6	5	9	2	7	8	3	1
2	3	1	4	8	6	7	9	5
8	9	7	1	3	5	2	6	4
7	1	8	2	9	3	5	4	6
5	2	3	7	6	4	9	1	8
9	4	6	5	1	8	3	7	2
1	8	9	6	7	2	4	5	3
3	7	4	8	5	1	6	2	9
6	5	2	3	4	9	1	8	7

20

6	4	5	1	3	8	7	9	2
2	8	1	6	9	7	4	3	5
9	7	3	5	4	2	1	6	8
3	2	6	8	7	5	9	1	4
8	9	7	2	1	4	6	5	3
1	5	4	9	6	3	2	8	7
4	6	8	3	2	1	5	7	9
7	3	9	4	5	6	8	2	1
5	1	2	7	8	9	3	4	6

21

8	4	1	2	6	5	9	7	3
5	9	3	7	1	4	6	2	8
2	6	7	8	9	3	1	4	5
7	3	2	5	8	9	4	1	6
4	5	6	1	3	7	2	8	9
9	1	8	6	4	2	5	3	7
6	7	4	3	5	1	8	9	2
1	2	5	9	7	8	3	6	4
3	8	9	4	2	6	7	5	1

22

9	8	2	7	6	4	5	1	3
6	5	1	2	3	8	9	4	7
7	4	3	5	1	9	8	6	2
8	1	5	6	9	7	3	2	4
2	3	9	4	5	1	6	7	8
4	7	6	8	2	3	1	5	9
1	6	8	9	7	2	4	3	5
3	9	7	1	4	5	2	8	6
5	2	4	3	8	6	7	9	1

23

2	5	9	3	6	8	1	4	7
7	8	4	2	5	1	6	9	3
3	6	1	9	7	4	5	8	2
4	1	8	5	9	2	3	7	6
6	2	3	4	8	7	9	1	5
9	7	5	1	3	6	4	2	8
8	4	2	6	1	3	7	5	9
1	9	6	7	2	5	8	3	4
5	3	7	8	4	9	2	6	1

24

9	1	2	6	3	4	7	8	5
7	4	5	8	2	9	6	1	3
8	3	6	5	7	1	2	4	9
6	7	9	2	1	3	4	5	8
4	8	3	7	6	5	9	2	1
2	5	1	4	9	8	3	7	6
3	6	7	1	5	2	8	9	4
5	9	4	3	8	7	1	6	2
1	2	8	9	4	6	5	3	7

25

5	6	9	4	1	8	7	3	2
3	4	1	2	5	7	6	9	8
7	8	2	3	6	9	4	5	1
1	2	3	7	9	4	8	6	5
8	5	7	1	3	6	2	4	9
6	9	4	8	2	5	1	7	3
9	7	5	6	8	2	3	1	4
2	1	6	5	4	3	9	8	7
4	3	8	9	7	1	5	2	6

26

8	2	1	9	7	6	3	5	4
3	9	4	2	5	8	7	6	1
6	7	5	1	4	3	8	2	9
1	5	2	6	8	9	4	3	7
4	8	9	7	3	5	6	1	2
7	6	3	4	1	2	5	9	8
5	3	7	8	2	1	9	4	6
9	1	8	5	6	4	2	7	3
2	4	6	3	9	7	1	8	5

27

1	4	7	9	8	5	2	3	6
5	6	9	4	2	3	7	1	8
3	8	2	1	6	7	9	5	4
8	2	5	3	4	9	1	6	7
7	1	3	8	5	6	4	9	2
4	9	6	2	7	1	5	8	3
6	7	1	5	3	2	8	4	9
9	3	4	7	1	8	6	2	5
2	5	8	6	9	4	3	7	1

28

7	8	4	6	5	1	3	9	2
1	6	9	3	7	2	4	8	5
5	3	2	4	8	9	6	1	7
3	4	5	8	1	7	2	6	9
8	9	7	5	2	6	1	4	3
6	2	1	9	4	3	5	7	8
9	5	6	1	3	8	7	2	4
2	1	3	7	9	4	8	5	6
4	7	8	2	6	5	9	3	1

29

4	2	5	1	8	3	7	6	9
6	1	3	7	5	9	2	8	4
8	7	9	4	6	2	1	5	3
1	9	2	8	3	7	5	4	6
3	5	6	9	4	1	8	7	2
7	4	8	6	2	5	3	9	1
2	8	4	5	1	6	9	3	7
9	6	1	3	7	8	4	2	5
5	3	7	2	9	4	6	1	8

30

9	7	2	6	1	4	3	8	5
6	5	3	7	9	8	1	2	4
1	4	8	5	2	3	7	9	6
3	6	9	2	8	7	5	4	1
7	2	1	4	5	6	8	3	9
5	8	4	9	3	1	2	6	7
2	3	6	1	4	5	9	7	8
4	9	5	8	7	2	6	1	3
8	1	7	3	6	9	4	5	2

31

4	1	7	3	9	5	8	6	2
5	3	8	2	7	6	1	9	4
2	6	9	1	8	4	5	7	3
7	5	6	9	3	8	2	4	1
8	9	4	5	1	2	6	3	7
3	2	1	4	6	7	9	8	5
6	8	2	7	4	1	3	5	9
1	4	3	8	5	9	7	2	6
9	7	5	6	2	3	4	1	8

32

3	4	2	6	1	8	7	9	5
5	6	8	3	9	7	1	4	2
9	7	1	2	5	4	8	6	3
4	5	3	7	2	6	9	8	1
7	2	9	4	8	1	3	5	6
1	8	6	5	3	9	2	7	4
2	9	5	8	6	3	4	1	7
6	1	4	9	7	2	5	3	8
8	3	7	1	4	5	6	2	9

33

2	1	7	5	8	6	9	3	4
5	4	8	2	9	3	7	1	6
9	3	6	1	7	4	8	5	2
4	2	9	6	3	1	5	7	8
1	8	3	7	4	5	6	2	9
6	7	5	9	2	8	3	4	1
8	9	2	3	1	7	4	6	5
7	6	4	8	5	2	1	9	3
3	5	1	4	6	9	2	8	7

34

2	6	4	9	5	3	1	8	7
7	8	9	1	4	2	5	6	3
5	3	1	6	8	7	4	9	2
6	1	8	7	9	5	2	3	4
3	2	7	8	1	4	6	5	9
9	4	5	3	2	6	7	1	8
1	7	6	4	3	8	9	2	5
4	5	3	2	6	9	8	7	1
8	9	2	5	7	1	3	4	6

35

3	6	9	7	5	8	1	2	4
1	5	8	4	2	6	9	3	7
4	7	2	9	3	1	8	6	5
8	1	3	2	4	9	7	5	6
7	4	6	1	8	5	2	9	3
9	2	5	6	7	3	4	8	1
6	8	4	3	9	7	5	1	2
2	9	1	5	6	4	3	7	8
5	3	7	8	1	2	6	4	9

36

5	4	8	2	6	3	9	1	7
6	3	9	1	7	8	4	5	2
7	1	2	9	4	5	3	6	8
1	5	4	8	2	9	6	7	3
8	6	3	7	5	4	2	9	1
9	2	7	3	1	6	8	4	5
3	7	5	6	9	2	1	8	4
4	8	6	5	3	1	7	2	9
2	9	1	4	8	7	5	3	6

37

4	3	2	5	9	6	8	7	1
1	9	6	7	8	3	2	4	5
5	8	7	2	1	4	9	6	3
7	2	5	8	3	9	4	1	6
8	4	9	1	6	7	5	3	2
3	6	1	4	2	5	7	8	9
9	1	4	3	7	2	6	5	8
2	7	8	6	5	1	3	9	4
6	5	3	9	4	8	1	2	7

38

6	3	4	2	1	8	9	5	7
5	1	9	6	7	3	4	8	2
2	7	8	9	4	5	6	3	1
1	8	3	4	6	2	7	9	5
9	5	2	7	8	1	3	4	6
4	6	7	3	5	9	1	2	8
7	9	5	1	2	4	8	6	3
3	2	1	8	9	6	5	7	4
8	4	6	5	3	7	2	1	9

39

6	8	2	7	5	4	9	1	3
1	9	5	3	2	6	8	4	7
3	4	7	9	1	8	6	2	5
4	5	8	2	6	3	7	9	1
2	7	3	1	8	9	4	5	6
9	1	6	5	4	7	2	3	8
8	3	4	6	9	5	1	7	2
5	2	9	8	7	1	3	6	4
7	6	1	4	3	2	5	8	9

40

1	3	7	4	2	5	6	9	8
4	8	2	6	9	1	3	7	5
9	5	6	8	3	7	1	4	2
6	1	5	2	8	4	9	3	7
3	2	4	7	1	9	8	5	6
8	7	9	3	5	6	4	2	1
5	4	3	1	7	8	2	6	9
2	9	8	5	6	3	7	1	4
7	6	1	9	4	2	5	8	3

41

6	4	9	7	5	3	1	8	2
3	8	2	1	9	6	4	5	7
1	7	5	2	4	8	6	9	3
2	5	8	6	3	1	9	7	4
9	6	4	5	8	7	3	2	1
7	3	1	9	2	4	5	6	8
8	1	6	4	7	5	2	3	9
4	9	3	8	6	2	7	1	5
5	2	7	3	1	9	8	4	6

42

5	7	8	1	2	6	3	9	4
3	2	9	4	8	7	5	1	6
4	6	1	3	5	9	7	2	8
7	8	6	9	4	5	2	3	1
1	9	3	8	6	2	4	7	5
2	5	4	7	3	1	6	8	9
8	4	7	6	9	3	1	5	2
6	3	2	5	1	8	9	4	7
9	1	5	2	7	4	8	6	3

43

7	1	2	6	3	5	9	4	8
4	3	9	8	2	1	6	7	5
5	8	6	7	9	4	1	3	2
6	2	5	3	4	8	7	1	9
3	7	8	2	1	9	4	5	6
9	4	1	5	6	7	2	8	3
1	6	4	9	8	3	5	2	7
8	9	7	1	5	2	3	6	4
2	5	3	4	7	6	8	9	1

44

9	8	2	1	4	6	3	7	5
7	6	1	3	8	5	4	9	2
5	4	3	7	2	9	8	6	1
6	9	5	4	3	2	1	8	7
3	1	4	8	9	7	2	5	6
8	2	7	5	6	1	9	3	4
1	7	9	2	5	8	6	4	3
4	5	8	6	1	3	7	2	9
2	3	6	9	7	4	5	1	8

45

8	7	3	5	4	9	1	6	2
9	6	2	8	1	3	7	5	4
4	5	1	6	7	2	9	8	3
3	1	7	2	6	5	4	9	8
6	2	9	4	8	1	3	7	5
5	4	8	9	3	7	6	2	1
2	3	6	1	9	8	5	4	7
7	8	4	3	5	6	2	1	9
1	9	5	7	2	4	8	3	6

46

7	6	8	9	4	5	3	2	1
5	4	2	1	3	6	9	8	7
9	3	1	7	8	2	5	6	4
1	7	9	8	2	4	6	3	5
8	5	4	3	6	7	1	9	2
6	2	3	5	9	1	7	4	8
3	9	7	4	1	8	2	5	6
2	8	5	6	7	3	4	1	9
4	1	6	2	5	9	8	7	3

47

3	7	2	4	8	5	9	6	1
9	8	5	1	6	7	2	3	4
6	1	4	2	3	9	7	5	8
4	5	8	6	9	3	1	2	7
1	9	6	7	4	2	5	8	3
7	2	3	5	1	8	4	9	6
2	3	9	8	7	4	6	1	5
8	6	7	9	5	1	3	4	2
5	4	1	3	2	6	8	7	9

48

3	8	4	6	9	1	5	2	7
2	9	6	7	3	5	8	4	1
7	1	5	4	8	2	3	9	6
5	2	7	1	4	9	6	3	8
6	4	1	8	2	3	9	7	5
8	3	9	5	7	6	4	1	2
9	5	2	3	6	7	1	8	4
1	7	8	9	5	4	2	6	3
4	6	3	2	1	8	7	5	9

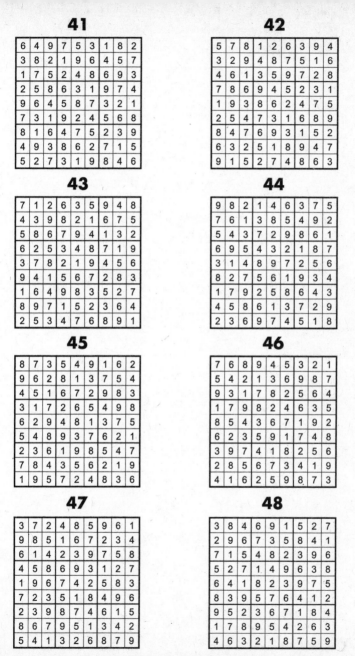

49

6	5	3	8	7	2	1	4	9
2	1	7	9	4	5	6	3	8
4	9	8	6	3	1	5	7	2
8	2	5	3	1	9	4	6	7
9	3	4	7	5	6	8	2	1
1	7	6	2	8	4	9	5	3
5	8	2	4	9	7	3	1	6
7	4	9	1	6	3	2	8	5
3	6	1	5	2	8	7	9	4

50

5	8	1	6	4	2	7	3	9
2	3	9	7	5	1	4	8	6
4	7	6	9	8	3	5	1	2
8	9	3	1	6	4	2	5	7
6	1	4	5	2	7	3	9	8
7	5	2	8	3	9	1	6	4
9	2	5	3	7	8	6	4	1
3	4	8	2	1	6	9	7	5
1	6	7	4	9	5	8	2	3

51

1	5	9	2	6	7	8	4	3
8	6	4	3	5	1	7	9	2
2	7	3	8	9	4	1	5	6
6	2	1	9	7	8	4	3	5
3	4	5	1	2	6	9	8	7
7	9	8	4	3	5	6	2	1
9	8	7	5	1	2	3	6	4
4	1	2	6	8	3	5	7	9
5	3	6	7	4	9	2	1	8

52

5	2	8	9	1	3	4	6	7
9	7	4	2	8	6	5	1	3
6	1	3	7	4	5	2	9	8
3	8	6	5	9	4	1	7	2
7	5	2	8	6	1	3	4	9
1	4	9	3	7	2	8	5	6
4	3	1	6	2	7	9	8	5
2	9	7	1	5	8	6	3	4
8	6	5	4	3	9	7	2	1

53

1	6	2	5	8	4	9	7	3
7	3	4	6	1	9	5	8	2
5	9	8	2	3	7	4	1	6
8	1	7	9	2	5	3	6	4
6	2	5	4	7	3	8	9	1
3	4	9	1	6	8	2	5	7
4	8	3	7	5	6	1	2	9
2	5	6	3	9	1	7	4	8
9	7	1	8	4	2	6	3	5

54

4	2	1	8	3	5	6	7	9
3	9	5	7	6	1	8	4	2
8	6	7	9	4	2	1	5	3
5	3	6	2	9	7	4	8	1
9	8	2	4	1	6	7	3	5
1	7	4	3	5	8	9	2	6
2	5	8	1	7	9	3	6	4
7	4	9	6	2	3	5	1	8
6	1	3	5	8	4	2	9	7

55

8	2	6	9	3	7	5	1	4
3	7	5	4	1	2	8	9	6
4	1	9	8	5	6	2	3	7
7	9	1	3	2	8	4	6	5
2	8	3	6	4	5	1	7	9
6	5	4	1	7	9	3	2	8
1	4	7	5	9	3	6	8	2
5	6	2	7	8	1	9	4	3
9	3	8	2	6	4	7	5	1

56

2	7	8	4	1	5	9	6	3
6	9	5	3	2	8	4	1	7
3	4	1	9	6	7	8	2	5
8	1	4	6	7	9	5	3	2
7	2	3	1	5	4	6	8	9
9	5	6	8	3	2	7	4	1
1	6	7	5	8	3	2	9	4
5	8	9	2	4	1	3	7	6
4	3	2	7	9	6	1	5	8

57

2	5	3	8	4	9	6	7	1
8	1	7	6	3	5	2	4	9
4	9	6	1	2	7	5	8	3
5	8	1	9	6	4	7	3	2
7	4	9	3	8	2	1	6	5
3	6	2	7	5	1	4	9	8
9	2	8	4	1	6	3	5	7
6	3	5	2	7	8	9	1	4
1	7	4	5	9	3	8	2	6

58

9	2	8	6	1	7	5	4	3
6	7	5	3	4	8	1	2	9
4	3	1	5	9	2	8	7	6
1	9	6	8	2	3	4	5	7
7	8	3	4	5	6	2	9	1
5	4	2	9	7	1	6	3	8
2	5	7	1	6	9	3	8	4
3	1	4	7	8	5	9	6	2
8	6	9	2	3	4	7	1	5

59

9	1	4	6	3	5	7	8	2
8	7	6	2	4	9	1	3	5
5	2	3	7	8	1	4	6	9
2	3	7	8	6	4	5	9	1
1	5	8	3	9	7	6	2	4
6	4	9	5	1	2	3	7	8
4	8	5	9	7	3	2	1	6
7	6	1	4	2	8	9	5	3
3	9	2	1	5	6	8	4	7

60

5	6	4	3	8	7	9	1	2
7	2	9	1	5	6	3	4	8
3	8	1	9	2	4	5	6	7
8	7	6	4	3	1	2	5	9
2	9	5	6	7	8	1	3	4
4	1	3	5	9	2	7	8	6
1	3	2	8	6	9	4	7	5
6	4	7	2	1	5	8	9	3
9	5	8	7	4	3	6	2	1

61

7	3	2	1	8	6	9	5	4
8	9	6	3	5	4	1	7	2
5	1	4	2	9	7	6	3	8
6	5	8	9	4	3	2	1	7
3	4	7	6	2	1	5	8	9
9	2	1	8	7	5	4	6	3
4	8	3	5	6	9	7	2	1
1	7	5	4	3	2	8	9	6
2	6	9	7	1	8	3	4	5

62

4	7	8	1	5	3	6	2	9
1	6	5	9	7	2	3	4	8
3	9	2	8	4	6	1	7	5
7	2	1	6	8	5	9	3	4
9	3	6	4	1	7	8	5	2
5	8	4	3	2	9	7	1	6
6	5	9	7	3	4	2	8	1
8	4	7	2	6	1	5	9	3
2	1	3	5	9	8	4	6	7

63

5	2	6	7	1	4	3	8	9
7	3	4	9	2	8	5	6	1
8	1	9	3	5	6	4	7	2
3	7	8	2	4	5	1	9	6
4	6	2	1	9	3	7	5	8
1	9	5	8	6	7	2	4	3
2	4	1	5	8	9	6	3	7
6	8	3	4	7	2	9	1	5
9	5	7	6	3	1	8	2	4

64

2	5	4	8	7	3	1	6	9
8	9	3	6	2	1	7	5	4
1	6	7	4	5	9	3	8	2
3	1	2	9	4	5	6	7	8
6	4	5	7	8	2	9	1	3
7	8	9	1	3	6	4	2	5
5	3	6	2	1	4	8	9	7
4	7	1	5	9	8	2	3	6
9	2	8	3	6	7	5	4	1

65

8	2	1	9	5	3	7	6	4
9	6	3	1	4	7	2	5	8
4	7	5	2	8	6	3	9	1
5	1	7	4	3	2	9	8	6
2	8	9	6	1	5	4	7	3
3	4	6	8	7	9	1	2	5
7	5	4	3	9	8	6	1	2
1	9	2	5	6	4	8	3	7
6	3	8	7	2	1	5	4	9

66

6	1	5	4	3	8	9	2	7
4	2	8	1	7	9	6	3	5
7	3	9	5	2	6	1	8	4
2	4	6	3	1	7	8	5	9
1	8	7	9	4	5	3	6	2
9	5	3	6	8	2	7	4	1
5	9	2	7	6	3	4	1	8
3	7	4	8	5	1	2	9	6
8	6	1	2	9	4	5	7	3

67

1	5	9	4	6	7	8	2	3
2	7	4	3	8	9	5	1	6
8	6	3	5	1	2	4	7	9
3	9	7	1	5	8	2	6	4
4	2	8	7	3	6	1	9	5
6	1	5	9	2	4	3	8	7
7	4	2	8	9	5	6	3	1
9	3	6	2	4	1	7	5	8
5	8	1	6	7	3	9	4	2

68

3	9	8	7	1	2	5	6	4
5	6	2	9	3	4	8	7	1
4	7	1	8	6	5	3	2	9
8	3	9	1	2	6	4	5	7
6	2	4	5	9	7	1	3	8
1	5	7	3	4	8	6	9	2
9	4	6	2	8	3	7	1	5
2	8	5	6	7	1	9	4	3
7	1	3	4	5	9	2	8	6

69

3	2	5	6	9	8	7	1	4
1	6	7	2	3	4	5	8	9
4	8	9	7	5	1	6	3	2
7	9	3	4	1	2	8	5	6
5	4	8	9	6	7	1	2	3
2	1	6	3	8	5	9	4	7
6	5	4	8	7	3	2	9	1
8	7	2	1	4	9	3	6	5
9	3	1	5	2	6	4	7	8

70

4	1	8	6	7	9	2	5	3
7	5	9	2	3	1	6	8	4
3	2	6	8	4	5	1	9	7
9	4	3	1	8	6	7	2	5
1	8	5	7	2	3	9	4	6
2	6	7	5	9	4	8	3	1
6	9	1	3	5	8	4	7	2
5	7	4	9	6	2	3	1	8
8	3	2	4	1	7	5	6	9

71

9	4	1	5	3	6	7	8	2
6	3	7	8	4	2	9	5	1
8	2	5	7	1	9	6	4	3
5	9	3	2	6	7	4	1	8
2	1	8	3	9	4	5	6	7
7	6	4	1	5	8	2	3	9
4	7	6	9	8	3	1	2	5
3	5	2	4	7	1	8	9	6
1	8	9	6	2	5	3	7	4

72

6	9	5	7	1	8	4	3	2
3	2	4	6	5	9	8	1	7
8	1	7	2	3	4	9	5	6
5	3	9	8	6	1	2	7	4
7	4	8	9	2	3	1	6	5
2	6	1	5	4	7	3	9	8
9	8	6	3	7	2	5	4	1
4	5	3	1	8	6	7	2	9
1	7	2	4	9	5	6	8	3

73

1	7	9	5	8	3	4	2	6
4	2	6	7	9	1	8	5	3
3	5	8	2	6	4	7	9	1
6	8	4	9	1	7	5	3	2
5	9	1	3	4	2	6	7	8
7	3	2	6	5	8	1	4	9
9	1	3	8	7	5	2	6	4
8	6	7	4	2	9	3	1	5
2	4	5	1	3	6	9	8	7

74

6	7	5	3	8	4	9	1	2
9	1	3	7	6	2	4	5	8
4	2	8	5	1	9	7	3	6
7	4	6	8	9	1	3	2	5
5	8	9	2	7	3	1	6	4
1	3	2	4	5	6	8	7	9
3	6	1	9	2	8	5	4	7
2	9	7	1	4	5	6	8	3
8	5	4	6	3	7	2	9	1

75

7	3	6	2	5	8	1	9	4
1	2	9	6	4	3	5	8	7
4	5	8	9	1	7	6	3	2
9	8	5	3	7	4	2	1	6
2	4	1	5	8	6	9	7	3
3	6	7	1	9	2	8	4	5
6	1	2	4	3	9	7	5	8
8	9	3	7	6	5	4	2	1
5	7	4	8	2	1	3	6	9

76

7	4	5	6	3	1	8	2	9
1	3	9	5	8	2	7	4	6
2	8	6	7	4	9	3	1	5
4	2	8	1	6	5	9	3	7
9	5	1	3	7	4	6	8	2
3	6	7	2	9	8	1	5	4
8	9	2	4	1	7	5	6	3
5	1	3	9	2	6	4	7	8
6	7	4	8	5	3	2	9	1

77

3	9	4	8	7	5	1	2	6
5	1	6	9	2	3	8	4	7
8	7	2	4	1	6	3	5	9
4	6	7	3	9	1	2	8	5
9	5	3	2	8	4	6	7	1
2	8	1	5	6	7	4	9	3
7	3	5	6	4	2	9	1	8
1	4	9	7	3	8	5	6	2
6	2	8	1	5	9	7	3	4

78

7	6	2	8	5	9	4	3	1
3	9	4	1	7	2	6	5	8
5	1	8	6	3	4	9	2	7
1	4	6	9	8	3	5	7	2
9	2	5	7	6	1	3	8	4
8	3	7	4	2	5	1	9	6
2	7	9	3	4	6	8	1	5
6	8	3	5	1	7	2	4	9
4	5	1	2	9	8	7	6	3

79

7	9	3	5	6	4	2	8	1
5	4	1	2	7	8	3	6	9
2	8	6	3	9	1	5	7	4
8	1	2	9	4	6	7	5	3
9	6	5	7	8	3	4	1	2
3	7	4	1	2	5	6	9	8
6	5	9	8	3	2	1	4	7
4	2	7	6	1	9	8	3	5
1	3	8	4	5	7	9	2	6

80

9	5	1	6	2	8	3	4	7
2	8	4	3	7	1	9	5	6
3	6	7	4	5	9	1	2	8
7	2	5	9	6	3	4	8	1
1	3	9	8	4	5	6	7	2
6	4	8	7	1	2	5	3	9
8	1	6	5	3	7	2	9	4
5	7	2	1	9	4	8	6	3
4	9	3	2	8	6	7	1	5

81

6	4	9	2	7	8	1	3	5
8	3	1	6	9	5	2	7	4
2	5	7	1	3	4	6	8	9
3	6	8	9	4	7	5	2	1
1	9	5	8	2	6	3	4	7
4	7	2	3	5	1	9	6	8
9	1	4	7	6	3	8	5	2
7	8	3	5	1	2	4	9	6
5	2	6	4	8	9	7	1	3

82

2	4	5	8	7	3	9	6	1
8	1	6	9	5	2	3	4	7
3	9	7	4	1	6	8	2	5
7	8	1	3	4	5	2	9	6
9	2	3	7	6	8	1	5	4
5	6	4	2	9	1	7	3	8
1	3	9	5	8	4	6	7	2
6	5	2	1	3	7	4	8	9
4	7	8	6	2	9	5	1	3

83

1	9	4	5	3	8	7	2	6
3	8	2	6	9	7	5	4	1
7	5	6	2	4	1	3	8	9
6	4	1	7	5	3	8	9	2
5	2	8	9	1	4	6	3	7
9	7	3	8	2	6	1	5	4
8	6	5	4	7	2	9	1	3
2	3	7	1	8	9	4	6	5
4	1	9	3	6	5	2	7	8

84

7	8	5	3	9	1	2	4	6
3	2	6	8	5	4	1	7	9
9	1	4	2	7	6	8	3	5
2	5	9	4	1	7	6	8	3
8	6	7	5	3	2	9	1	4
4	3	1	9	6	8	7	5	2
1	9	2	7	4	5	3	6	8
6	4	3	1	8	9	5	2	7
5	7	8	6	2	3	4	9	1

85

6	8	5	9	2	7	4	1	3
2	7	4	1	6	3	5	8	9
1	3	9	4	8	5	2	7	6
4	6	7	2	3	9	8	5	1
5	2	8	6	1	4	9	3	7
3	9	1	7	5	8	6	4	2
9	4	6	5	7	1	3	2	8
7	5	3	8	9	2	1	6	4
8	1	2	3	4	6	7	9	5

86

8	7	9	5	4	2	3	6	1
6	3	2	1	7	9	8	5	4
1	4	5	6	3	8	7	9	2
7	5	1	8	9	3	2	4	6
3	2	6	7	1	4	9	8	5
4	9	8	2	5	6	1	3	7
2	1	4	3	8	5	6	7	9
9	8	7	4	6	1	5	2	3
5	6	3	9	2	7	4	1	8

87

1	4	5	7	6	2	9	8	3
9	2	8	3	5	1	4	7	6
3	7	6	8	9	4	1	5	2
4	8	3	6	1	5	2	9	7
7	6	2	9	4	3	8	1	5
5	1	9	2	8	7	6	3	4
6	9	7	5	2	8	3	4	1
2	5	4	1	3	9	7	6	8
8	3	1	4	7	6	5	2	9

88

8	4	3	1	7	2	5	9	6
1	6	9	5	3	4	7	2	8
5	2	7	8	9	6	3	1	4
6	8	5	3	1	7	2	4	9
9	7	2	4	6	5	1	8	3
4	3	1	9	2	8	6	5	7
3	9	4	7	5	1	8	6	2
7	1	6	2	8	9	4	3	5
2	5	8	6	4	3	9	7	1

89

5	9	8	2	6	7	4	3	1
2	3	1	4	9	5	7	6	8
4	6	7	1	8	3	9	2	5
6	4	9	7	5	1	3	8	2
1	5	3	8	2	4	6	7	9
7	8	2	9	3	6	1	5	4
9	1	5	6	7	8	2	4	3
3	2	6	5	4	9	8	1	7
8	7	4	3	1	2	5	9	6

90

6	5	8	1	7	2	3	4	9
2	9	1	3	4	5	6	7	8
4	7	3	8	6	9	1	2	5
9	8	5	2	1	4	7	3	6
3	4	2	6	9	7	5	8	1
1	6	7	5	3	8	4	9	2
7	2	4	9	5	6	8	1	3
8	3	6	4	2	1	9	5	7
5	1	9	7	8	3	2	6	4

91

4	1	3	8	7	5	2	9	6
7	6	8	2	3	9	4	1	5
2	9	5	4	6	1	7	8	3
6	4	9	1	8	7	5	3	2
3	8	2	5	9	6	1	7	4
5	7	1	3	2	4	9	6	8
1	5	7	6	4	8	3	2	9
8	3	4	9	1	2	6	5	7
9	2	6	7	5	3	8	4	1

92

3	7	9	5	1	8	6	4	2
8	4	2	3	9	6	7	5	1
1	5	6	2	7	4	9	8	3
5	6	3	8	4	2	1	7	9
7	9	8	1	5	3	4	2	6
4	2	1	9	6	7	5	3	8
2	1	5	7	8	9	3	6	4
9	3	4	6	2	5	8	1	7
6	8	7	4	3	1	2	9	5

93

7	9	3	1	8	6	2	4	5
5	6	8	2	3	4	9	7	1
1	4	2	9	7	5	8	3	6
9	7	1	3	6	8	4	5	2
2	8	5	7	4	1	6	9	3
4	3	6	5	9	2	1	8	7
3	2	4	6	5	9	7	1	8
6	5	9	8	1	7	3	2	4
8	1	7	4	2	3	5	6	9

94

3	6	1	7	8	4	2	5	9
8	2	4	1	5	9	7	6	3
7	9	5	6	2	3	4	8	1
1	4	9	5	7	2	6	3	8
6	7	3	9	4	8	1	2	5
2	5	8	3	1	6	9	4	7
4	1	7	8	6	5	3	9	2
5	3	2	4	9	7	8	1	6
9	8	6	2	3	1	5	7	4

95

7	3	1	9	2	4	8	5	6
4	2	9	5	6	8	7	1	3
6	5	8	7	1	3	9	4	2
1	6	4	2	5	9	3	8	7
5	7	2	3	8	6	1	9	4
8	9	3	1	4	7	6	2	5
9	4	7	8	3	5	2	6	1
2	8	5	6	7	1	4	3	9
3	1	6	4	9	2	5	7	8

96

5	1	4	7	3	6	9	8	2
8	6	7	2	5	9	3	4	1
3	2	9	8	4	1	7	6	5
9	7	6	3	2	5	4	1	8
4	3	1	9	6	8	2	5	7
2	5	8	1	7	4	6	3	9
6	9	3	5	8	7	1	2	4
1	8	2	4	9	3	5	7	6
7	4	5	6	1	2	8	9	3

97

7	8	4	9	1	3	5	6	2
9	1	2	6	7	5	8	4	3
6	3	5	2	4	8	1	9	7
5	7	3	1	8	9	6	2	4
8	4	9	5	6	2	3	7	1
1	2	6	4	3	7	9	5	8
3	9	8	7	5	4	2	1	6
2	6	7	3	9	1	4	8	5
4	5	1	8	2	6	7	3	9

98

7	2	1	9	4	5	6	3	8
5	9	8	3	6	2	7	4	1
3	6	4	8	7	1	2	5	9
4	7	5	1	8	9	3	2	6
2	8	9	4	3	6	1	7	5
6	1	3	5	2	7	9	8	4
9	5	7	2	1	4	8	6	3
1	3	6	7	5	8	4	9	2
8	4	2	6	9	3	5	1	7

99

1	6	4	2	5	3	8	9	7
8	5	3	7	9	6	2	4	1
9	2	7	4	1	8	5	6	3
4	3	1	9	6	2	7	5	8
6	7	5	8	3	1	9	2	4
2	9	8	5	7	4	3	1	6
3	4	9	6	8	5	1	7	2
7	8	6	1	2	9	4	3	5
5	1	2	3	4	7	6	8	9

100

2	8	4	3	7	6	1	9	5
1	6	7	5	9	8	2	3	4
3	5	9	2	4	1	6	7	8
7	2	6	4	8	3	9	5	1
4	3	1	9	6	5	7	8	2
8	9	5	1	2	7	4	6	3
9	7	2	8	3	4	5	1	6
5	4	8	6	1	9	3	2	7
6	1	3	7	5	2	8	4	9

101

5	7	3	9	8	1	2	6	4
4	1	9	6	5	2	7	3	8
2	6	8	3	7	4	5	9	1
9	5	2	4	6	7	1	8	3
3	4	1	8	2	9	6	5	7
7	8	6	1	3	5	9	4	2
1	9	5	2	4	8	3	7	6
6	2	4	7	9	3	8	1	5
8	3	7	5	1	6	4	2	9

102

4	2	7	5	3	8	6	1	9
3	1	6	9	4	2	5	7	8
8	5	9	6	1	7	4	2	3
5	7	8	4	2	9	3	6	1
1	4	2	3	7	6	9	8	5
6	9	3	1	8	5	7	4	2
2	3	5	8	6	4	1	9	7
7	6	1	2	9	3	8	5	4
9	8	4	7	5	1	2	3	6

103

2	9	8	3	6	1	4	7	5
7	1	5	8	4	2	6	3	9
3	4	6	7	9	5	2	1	8
1	3	7	4	2	9	5	8	6
8	5	4	6	7	3	9	2	1
6	2	9	5	1	8	7	4	3
5	6	2	1	3	4	8	9	7
9	8	1	2	5	7	3	6	4
4	7	3	9	8	6	1	5	2

104

8	1	3	5	7	2	9	4	6
5	9	7	6	4	1	8	3	2
2	6	4	8	9	3	1	5	7
7	2	9	3	6	4	5	8	1
1	3	5	9	2	8	6	7	4
6	4	8	1	5	7	3	2	9
9	7	6	2	3	5	4	1	8
3	8	2	4	1	9	7	6	5
4	5	1	7	8	6	2	9	3

105

2	4	7	6	5	1	9	8	3
6	8	1	7	3	9	5	2	4
9	5	3	8	2	4	7	1	6
8	7	4	2	1	5	6	3	9
3	2	5	9	7	6	8	4	1
1	9	6	4	8	3	2	7	5
4	3	2	5	9	8	1	6	7
5	6	8	1	4	7	3	9	2
7	1	9	3	6	2	4	5	8

106

4	9	6	8	2	5	7	1	3
3	8	2	1	4	7	6	9	5
1	7	5	9	3	6	2	4	8
9	1	8	5	7	3	4	2	6
5	4	7	2	6	9	3	8	1
2	6	3	4	1	8	5	7	9
6	2	4	3	8	1	9	5	7
7	5	1	6	9	4	8	3	2
8	3	9	7	5	2	1	6	4

107

3	2	6	1	7	9	5	4	8
7	4	1	8	2	5	9	3	6
9	8	5	3	6	4	1	7	2
5	6	9	4	1	2	3	8	7
4	7	2	5	8	3	6	1	9
1	3	8	7	9	6	2	5	4
6	1	4	2	5	7	8	9	3
8	9	7	6	3	1	4	2	5
2	5	3	9	4	8	7	6	1

108

6	5	7	8	3	1	4	2	9
4	2	1	9	7	5	6	8	3
8	3	9	6	4	2	5	7	1
1	9	5	3	2	6	8	4	7
2	7	4	5	1	8	9	3	6
3	8	6	7	9	4	2	1	5
7	1	8	4	5	9	3	6	2
9	6	3	2	8	7	1	5	4
5	4	2	1	6	3	7	9	8

109

7	6	3	5	9	2	8	4	1
2	5	1	8	4	7	9	6	3
9	4	8	3	6	1	7	5	2
6	8	4	1	2	9	5	3	7
3	2	7	6	8	5	4	1	9
1	9	5	4	7	3	2	8	6
5	3	9	7	1	4	6	2	8
8	1	2	9	5	6	3	7	4
4	7	6	2	3	8	1	9	5

110

1	4	2	5	6	8	3	7	9
8	9	6	7	1	3	5	2	4
7	5	3	4	9	2	8	6	1
9	6	7	8	2	1	4	3	5
4	2	8	6	3	5	9	1	7
5	3	1	9	7	4	2	8	6
2	7	9	3	4	6	1	5	8
6	1	5	2	8	9	7	4	3
3	8	4	1	5	7	6	9	2

111

8	9	1	4	2	3	6	7	5
4	5	7	6	1	9	8	2	3
3	2	6	7	8	5	9	4	1
1	8	4	9	5	7	2	3	6
5	6	3	2	4	8	7	1	9
2	7	9	3	6	1	4	5	8
6	3	8	1	7	4	5	9	2
7	1	2	5	9	6	3	8	4
9	4	5	8	3	2	1	6	7

112

4	9	3	2	1	8	5	7	6
1	6	2	4	7	5	3	9	8
5	7	8	9	3	6	1	2	4
8	5	9	3	6	4	7	1	2
3	4	7	8	2	1	9	6	5
6	2	1	5	9	7	8	4	3
2	1	4	7	8	3	6	5	9
9	8	6	1	5	2	4	3	7
7	3	5	6	4	9	2	8	1

113

9	2	6	3	1	8	7	5	4
4	3	8	6	7	5	9	2	1
5	1	7	4	2	9	3	6	8
6	4	9	2	5	7	8	1	3
8	7	3	1	9	6	2	4	5
1	5	2	8	3	4	6	7	9
7	8	1	9	4	2	5	3	6
2	9	4	5	6	3	1	8	7
3	6	5	7	8	1	4	9	2

114

9	2	5	6	8	1	7	3	4
1	7	8	5	4	3	9	6	2
4	3	6	7	9	2	8	5	1
8	4	3	1	2	5	6	7	9
2	6	9	3	7	4	1	8	5
7	5	1	8	6	9	4	2	3
3	8	2	4	1	6	5	9	7
6	9	4	2	5	7	3	1	8
5	1	7	9	3	8	2	4	6

115

5	6	7	9	1	3	2	4	8
8	4	3	5	6	2	1	7	9
1	9	2	4	7	8	3	5	6
6	5	4	8	9	1	7	2	3
7	8	1	3	2	4	9	6	5
2	3	9	6	5	7	8	1	4
9	2	6	7	8	5	4	3	1
4	7	8	1	3	6	5	9	2
3	1	5	2	4	9	6	8	7

116

9	6	7	1	8	5	2	4	3
1	3	4	6	2	7	8	9	5
2	5	8	4	9	3	1	6	7
6	9	3	5	7	1	4	8	2
7	4	2	9	6	8	3	5	1
5	8	1	3	4	2	9	7	6
4	7	5	2	1	9	6	3	8
8	1	6	7	3	4	5	2	9
3	2	9	8	5	6	7	1	4

117

2	5	9	6	1	7	8	4	3
6	4	1	3	9	8	2	5	7
3	7	8	4	5	2	1	6	9
5	3	2	9	6	1	4	7	8
7	9	4	5	8	3	6	2	1
1	8	6	7	2	4	9	3	5
9	1	5	2	3	6	7	8	4
8	6	7	1	4	5	3	9	2
4	2	3	8	7	9	5	1	6

118

6	5	2	9	8	3	7	1	4
4	3	8	2	1	7	5	6	9
7	1	9	4	6	5	3	2	8
9	8	3	1	5	2	4	7	6
2	6	1	7	9	4	8	3	5
5	7	4	8	3	6	2	9	1
1	9	7	3	4	8	6	5	2
8	2	6	5	7	9	1	4	3
3	4	5	6	2	1	9	8	7

119

9	3	8	2	5	6	1	4	7
6	4	2	7	9	1	8	3	5
5	7	1	4	8	3	6	9	2
3	9	7	6	2	4	5	8	1
2	8	6	3	1	5	9	7	4
4	1	5	9	7	8	2	6	3
1	2	9	8	4	7	3	5	6
7	5	3	1	6	9	4	2	8
8	6	4	5	3	2	7	1	9

120

1	6	5	8	9	7	2	4	3
2	7	3	1	5	4	6	9	8
4	9	8	2	6	3	7	5	1
3	5	4	9	7	6	8	1	2
6	8	1	4	2	5	3	7	9
9	2	7	3	1	8	5	6	4
5	1	2	6	8	9	4	3	7
7	3	9	5	4	2	1	8	6
8	4	6	7	3	1	9	2	5

121

4	8	3	2	7	5	9	6	1
6	7	2	1	8	9	4	5	3
9	1	5	4	6	3	8	7	2
2	5	8	7	9	1	3	4	6
1	6	7	3	5	4	2	8	9
3	9	4	8	2	6	7	1	5
8	4	1	5	3	2	6	9	7
7	3	6	9	1	8	5	2	4
5	2	9	6	4	7	1	3	8

122

5	3	6	8	2	7	1	4	9
8	7	4	9	6	1	3	2	5
1	9	2	4	3	5	7	6	8
3	2	7	5	8	9	6	1	4
4	8	5	7	1	6	2	9	3
6	1	9	2	4	3	8	5	7
7	4	8	1	9	2	5	3	6
9	6	1	3	5	8	4	7	2
2	5	3	6	7	4	9	8	1

123

5	1	6	3	2	7	8	4	9
9	4	7	5	8	6	3	1	2
8	2	3	1	4	9	6	5	7
4	3	8	2	9	5	7	6	1
2	7	9	6	1	4	5	8	3
6	5	1	8	7	3	2	9	4
3	8	2	4	6	1	9	7	5
1	9	5	7	3	8	4	2	6
7	6	4	9	5	2	1	3	8

124

9	2	6	5	1	3	4	7	8
3	4	8	9	7	2	6	1	5
1	5	7	8	4	6	3	2	9
6	7	4	1	2	5	9	8	3
2	3	5	4	9	8	1	6	7
8	1	9	3	6	7	2	5	4
7	9	2	6	8	4	5	3	1
5	8	1	2	3	9	7	4	6
4	6	3	7	5	1	8	9	2

125

2	9	4	6	3	7	5	8	1
3	8	6	5	2	1	7	9	4
7	1	5	8	9	4	6	2	3
5	2	8	1	4	6	3	7	9
6	4	3	9	7	5	8	1	2
9	7	1	2	8	3	4	6	5
4	5	9	7	1	8	2	3	6
1	6	7	3	5	2	9	4	8
8	3	2	4	6	9	1	5	7

126

9	4	7	2	6	3	1	5	8
5	3	8	4	7	1	6	9	2
2	1	6	8	9	5	4	3	7
1	7	3	9	5	4	8	2	6
6	9	4	3	8	2	5	7	1
8	5	2	6	1	7	9	4	3
7	8	9	5	3	6	2	1	4
4	6	1	7	2	9	3	8	5
3	2	5	1	4	8	7	6	9

127

3	9	1	2	4	6	8	7	5
8	5	4	7	1	9	3	6	2
7	2	6	5	3	8	4	1	9
1	6	2	9	7	4	5	3	8
5	4	7	8	6	3	9	2	1
9	8	3	1	5	2	7	4	6
4	7	9	6	2	5	1	8	3
6	1	5	3	8	7	2	9	4
2	3	8	4	9	1	6	5	7

128

3	6	4	7	9	5	1	2	8
5	7	9	1	8	2	6	4	3
1	8	2	4	6	3	5	9	7
9	5	1	3	2	7	8	6	4
7	4	6	9	1	8	2	3	5
2	3	8	6	5	4	9	7	1
6	2	7	5	3	1	4	8	9
4	9	5	8	7	6	3	1	2
8	1	3	2	4	9	7	5	6

129

6	9	5	1	8	2	7	3	4
8	3	2	4	7	9	5	6	1
7	4	1	3	5	6	9	2	8
3	7	8	2	6	5	4	1	9
5	2	4	8	9	1	6	7	3
1	6	9	7	3	4	8	5	2
4	5	6	9	2	3	1	8	7
9	8	3	6	1	7	2	4	5
2	1	7	5	4	8	3	9	6

130

8	7	3	4	1	5	9	6	2
6	4	1	8	2	9	7	3	5
9	2	5	7	3	6	1	8	4
1	5	8	9	6	3	2	4	7
4	6	2	5	8	7	3	9	1
3	9	7	1	4	2	6	5	8
5	3	6	2	7	4	8	1	9
2	1	4	6	9	8	5	7	3
7	8	9	3	5	1	4	2	6

131

2	6	9	3	8	4	7	1	5
1	7	3	5	6	9	2	8	4
8	4	5	1	7	2	3	6	9
3	5	6	8	4	7	9	2	1
4	8	1	9	2	3	6	5	7
9	2	7	6	1	5	4	3	8
7	1	8	4	3	6	5	9	2
6	9	4	2	5	1	8	7	3
5	3	2	7	9	8	1	4	6

132

8	4	1	7	9	5	2	3	6
7	2	5	6	8	3	4	9	1
9	3	6	4	1	2	8	7	5
6	5	3	2	7	9	1	4	8
4	7	8	3	6	1	5	2	9
2	1	9	8	5	4	7	6	3
1	8	4	9	3	7	6	5	2
5	9	2	1	4	6	3	8	7
3	6	7	5	2	8	9	1	4

133

2	5	3	8	9	4	1	7	6
8	1	4	2	6	7	5	9	3
7	9	6	5	3	1	8	2	4
5	8	1	6	4	9	7	3	2
3	6	2	7	1	8	9	4	5
4	7	9	3	2	5	6	1	8
6	4	8	9	7	2	3	5	1
1	3	7	4	5	6	2	8	9
9	2	5	1	8	3	4	6	7

134

2	3	1	6	4	8	9	5	7
6	5	8	9	7	2	4	1	3
7	9	4	1	3	5	2	8	6
8	4	5	7	1	3	6	2	9
9	7	3	2	5	6	8	4	1
1	2	6	8	9	4	3	7	5
4	6	7	5	8	9	1	3	2
3	1	2	4	6	7	5	9	8
5	8	9	3	2	1	7	6	4

135

2	8	6	9	5	3	1	4	7
5	4	3	1	7	8	2	9	6
1	7	9	6	4	2	3	8	5
6	9	8	2	1	7	4	5	3
7	3	2	5	9	4	6	1	8
4	1	5	3	8	6	7	2	9
9	2	7	8	6	1	5	3	4
8	6	1	4	3	5	9	7	2
3	5	4	7	2	9	8	6	1

136

8	9	1	7	4	2	3	6	5
2	6	5	1	8	3	7	9	4
3	4	7	6	5	9	8	1	2
6	3	2	8	9	4	5	7	1
5	8	4	2	1	7	6	3	9
1	7	9	5	3	6	4	2	8
9	2	8	3	7	5	1	4	6
7	5	6	4	2	1	9	8	3
4	1	3	9	6	8	2	5	7

137

4	6	7	5	8	9	3	2	1
2	5	8	3	1	7	9	4	6
1	3	9	2	6	4	7	8	5
3	7	1	8	9	2	5	6	4
6	8	4	7	5	1	2	9	3
5	9	2	4	3	6	1	7	8
9	4	5	6	7	3	8	1	2
8	1	6	9	2	5	4	3	7
7	2	3	1	4	8	6	5	9

138

2	9	8	1	3	6	7	4	5
7	3	4	5	9	2	1	6	8
1	5	6	4	8	7	3	9	2
8	1	9	6	7	5	4	2	3
4	6	7	9	2	3	8	5	1
3	2	5	8	4	1	6	7	9
5	7	1	3	6	9	2	8	4
6	8	3	2	5	4	9	1	7
9	4	2	7	1	8	5	3	6

139

3	9	5	4	2	7	1	6	8
1	6	4	8	3	9	7	2	5
7	2	8	6	5	1	3	9	4
9	5	2	3	7	8	6	4	1
4	1	7	5	9	6	8	3	2
6	8	3	1	4	2	9	5	7
5	7	1	9	6	4	2	8	3
8	3	6	2	1	5	4	7	9
2	4	9	7	8	3	5	1	6

140

9	4	6	5	8	2	7	1	3
5	3	7	4	6	1	2	8	9
1	8	2	3	9	7	6	4	5
3	6	4	9	7	8	5	2	1
2	7	5	1	4	6	3	9	8
8	9	1	2	5	3	4	6	7
6	5	8	7	1	4	9	3	2
7	1	3	6	2	9	8	5	4
4	2	9	8	3	5	1	7	6

141

4	1	9	3	6	2	7	5	8
2	5	7	4	9	8	3	6	1
8	3	6	5	7	1	9	2	4
5	9	1	6	8	7	2	4	3
7	6	8	2	3	4	5	1	9
3	2	4	1	5	9	6	8	7
1	8	3	7	2	6	4	9	5
6	4	5	9	1	3	8	7	2
9	7	2	8	4	5	1	3	6

142

2	4	1	9	3	5	6	7	8
3	5	6	8	7	1	9	4	2
7	9	8	4	2	6	5	1	3
9	8	5	6	4	7	3	2	1
4	3	7	1	5	2	8	6	9
1	6	2	3	9	8	4	5	7
8	7	9	5	1	4	2	3	6
5	1	3	2	6	9	7	8	4
6	2	4	7	8	3	1	9	5

143

1	6	7	3	9	5	2	8	4
5	2	3	1	4	8	9	6	7
4	9	8	7	6	2	3	1	5
9	8	6	5	2	7	4	3	1
7	4	5	6	3	1	8	9	2
2	3	1	4	8	9	5	7	6
8	5	9	2	1	6	7	4	3
3	1	2	9	7	4	6	5	8
6	7	4	8	5	3	1	2	9

144

6	9	2	5	8	4	7	1	3
1	8	7	9	2	3	6	4	5
3	5	4	1	7	6	8	2	9
7	3	6	4	9	2	5	8	1
4	2	5	8	1	7	9	3	6
9	1	8	3	6	5	2	7	4
8	4	9	2	5	1	3	6	7
5	7	3	6	4	8	1	9	2
2	6	1	7	3	9	4	5	8

145

1	6	8	3	7	4	5	9	2
4	5	9	1	2	8	6	7	3
2	7	3	9	5	6	4	1	8
8	9	4	7	6	5	2	3	1
5	2	1	8	3	9	7	6	4
7	3	6	2	4	1	9	8	5
9	4	5	6	8	3	1	2	7
3	1	7	4	9	2	8	5	6
6	8	2	5	1	7	3	4	9

146

4	8	7	1	9	6	2	5	3
2	9	1	3	7	5	4	6	8
5	6	3	4	2	8	7	1	9
1	3	8	5	4	9	6	2	7
9	4	6	7	3	2	5	8	1
7	2	5	6	8	1	9	3	4
6	7	4	2	1	3	8	9	5
3	5	9	8	6	4	1	7	2
8	1	2	9	5	7	3	4	6

147

7	3	8	9	4	6	5	1	2
2	4	6	5	1	8	3	7	9
1	5	9	2	7	3	8	4	6
8	9	2	1	3	7	6	5	4
4	7	5	8	6	2	9	3	1
3	6	1	4	9	5	2	8	7
5	8	7	6	2	4	1	9	3
6	1	4	3	8	9	7	2	5
9	2	3	7	5	1	4	6	8

148

5	2	3	9	6	8	4	7	1
4	8	9	7	1	3	2	6	5
1	6	7	4	5	2	3	9	8
2	5	4	6	3	1	7	8	9
7	1	8	5	2	9	6	3	4
3	9	6	8	7	4	1	5	2
6	7	1	2	8	5	9	4	3
9	3	5	1	4	6	8	2	7
8	4	2	3	9	7	5	1	6

149

6	2	5	7	4	9	3	8	1
9	7	3	1	8	6	4	5	2
1	8	4	2	3	5	9	6	7
4	6	9	8	2	3	1	7	5
5	1	8	6	7	4	2	9	3
2	3	7	9	5	1	8	4	6
8	9	6	3	1	7	5	2	4
3	5	2	4	6	8	7	1	9
7	4	1	5	9	2	6	3	8

150

6	7	2	1	3	9	8	4	5
3	1	4	2	5	8	6	7	9
5	8	9	6	4	7	3	2	1
7	2	8	3	1	5	4	9	6
9	6	5	7	8	4	2	1	3
4	3	1	9	6	2	7	5	8
1	9	6	4	2	3	5	8	7
2	5	7	8	9	6	1	3	4
8	4	3	5	7	1	9	6	2

151

8	3	2	5	7	4	9	1	6
4	7	1	6	3	9	2	5	8
5	9	6	1	2	8	4	3	7
1	4	9	8	5	2	6	7	3
3	6	5	4	1	7	8	9	2
2	8	7	3	9	6	1	4	5
9	5	3	2	8	1	7	6	4
6	1	8	7	4	3	5	2	9
7	2	4	9	6	5	3	8	1

152

9	2	5	1	8	7	4	3	6
1	6	8	4	9	3	2	7	5
7	3	4	2	5	6	9	8	1
5	9	1	6	3	4	7	2	8
2	7	3	8	1	5	6	4	9
4	8	6	7	2	9	5	1	3
8	5	9	3	7	2	1	6	4
6	1	2	5	4	8	3	9	7
3	4	7	9	6	1	8	5	2

153

6	5	4	7	8	9	1	2	3
1	8	2	3	4	6	7	5	9
9	7	3	2	1	5	4	8	6
5	9	8	1	6	3	2	7	4
3	1	6	4	2	7	5	9	8
2	4	7	9	5	8	6	3	1
4	3	9	5	7	1	8	6	2
8	2	5	6	3	4	9	1	7
7	6	1	8	9	2	3	4	5

154

9	8	5	6	1	2	3	4	7
3	7	4	8	9	5	2	1	6
6	1	2	3	7	4	8	5	9
2	6	3	7	4	8	1	9	5
4	5	1	2	3	9	7	6	8
7	9	8	1	5	6	4	2	3
8	3	6	5	2	1	9	7	4
1	4	7	9	6	3	5	8	2
5	2	9	4	8	7	6	3	1

155

9	1	2	5	8	6	7	3	4
7	8	4	2	3	1	6	9	5
5	3	6	4	7	9	1	8	2
2	5	9	1	4	7	8	6	3
4	6	1	3	5	8	9	2	7
3	7	8	9	6	2	4	5	1
6	4	7	8	2	5	3	1	9
1	2	3	6	9	4	5	7	8
8	9	5	7	1	3	2	4	6

156

5	4	8	9	3	6	2	7	1
6	9	1	5	7	2	4	3	8
2	3	7	4	8	1	9	6	5
9	2	4	6	5	7	1	8	3
8	1	6	3	2	4	5	9	7
3	7	5	1	9	8	6	2	4
4	5	3	8	6	9	7	1	2
1	6	2	7	4	3	8	5	9
7	8	9	2	1	5	3	4	6

157

9	6	8	4	1	7	5	2	3
7	2	5	8	9	3	6	4	1
1	3	4	5	2	6	9	7	8
6	8	1	3	7	9	2	5	4
2	7	9	1	4	5	8	3	6
5	4	3	6	8	2	7	1	9
8	5	2	9	3	4	1	6	7
4	1	6	7	5	8	3	9	2
3	9	7	2	6	1	4	8	5

158

4	7	1	8	3	2	9	6	5
6	5	8	1	9	7	2	4	3
9	3	2	5	4	6	1	7	8
1	9	3	4	7	5	8	2	6
2	4	7	9	6	8	5	3	1
8	6	5	3	2	1	7	9	4
5	2	9	6	1	4	3	8	7
3	8	6	7	5	9	4	1	2
7	1	4	2	8	3	6	5	9

159

4	9	1	3	2	6	5	7	8
5	6	8	4	7	1	2	9	3
7	3	2	5	8	9	1	6	4
3	8	7	2	6	4	9	5	1
6	4	9	8	1	5	7	3	2
1	2	5	9	3	7	4	8	6
8	7	4	6	5	2	3	1	9
2	1	6	7	9	3	8	4	5
9	5	3	1	4	8	6	2	7

160

9	3	6	4	7	1	5	2	8
5	1	2	8	3	6	9	7	4
7	4	8	5	2	9	6	3	1
1	9	5	7	4	8	3	6	2
3	8	4	9	6	2	7	1	5
6	2	7	1	5	3	4	8	9
8	7	3	2	9	4	1	5	6
4	6	1	3	8	5	2	9	7
2	5	9	6	1	7	8	4	3

161

1	3	7	2	4	5	9	6	8
2	9	6	1	3	8	4	7	5
5	8	4	9	6	7	1	3	2
3	2	1	6	9	4	5	8	7
7	5	9	8	1	3	2	4	6
6	4	8	7	5	2	3	9	1
9	1	2	4	7	6	8	5	3
4	7	3	5	8	1	6	2	9
8	6	5	3	2	9	7	1	4

162

7	2	1	3	6	8	9	4	5
8	6	3	5	4	9	7	2	1
9	4	5	1	2	7	3	8	6
1	5	4	8	9	2	6	7	3
2	3	8	6	7	5	4	1	9
6	9	7	4	1	3	2	5	8
4	7	6	9	8	1	5	3	2
3	1	9	2	5	4	8	6	7
5	8	2	7	3	6	1	9	4

163

7	6	4	8	3	1	2	5	9
8	9	2	4	5	7	1	3	6
1	3	5	2	9	6	4	7	8
4	5	6	1	8	9	7	2	3
9	8	7	3	4	2	6	1	5
3	2	1	6	7	5	8	9	4
2	7	3	5	6	4	9	8	1
6	1	8	9	2	3	5	4	7
5	4	9	7	1	8	3	6	2

164

7	1	3	9	6	2	8	5	4
4	5	8	7	3	1	2	6	9
2	9	6	5	8	4	3	1	7
1	3	4	6	9	5	7	2	8
9	7	2	3	1	8	5	4	6
6	8	5	2	4	7	9	3	1
5	2	1	8	7	6	4	9	3
8	6	9	4	2	3	1	7	5
3	4	7	1	5	9	6	8	2

165

6	1	5	2	9	3	7	4	8
4	9	2	8	7	1	3	6	5
7	3	8	6	4	5	9	1	2
9	4	1	5	6	2	8	7	3
3	5	7	1	8	4	6	2	9
8	2	6	9	3	7	4	5	1
1	7	4	3	2	8	5	9	6
5	8	9	4	1	6	2	3	7
2	6	3	7	5	9	1	8	4

166

3	1	2	6	4	8	7	9	5
8	4	5	9	1	7	2	6	3
9	6	7	3	2	5	1	4	8
1	2	8	5	6	4	3	7	9
5	9	6	1	7	3	8	2	4
7	3	4	2	8	9	6	5	1
6	7	9	4	3	1	5	8	2
4	8	3	7	5	2	9	1	6
2	5	1	8	9	6	4	3	7

167

9	6	7	8	5	3	2	1	4
1	2	5	6	7	4	3	8	9
3	4	8	1	2	9	5	7	6
5	3	2	4	9	8	1	6	7
8	1	4	2	6	7	9	3	5
6	7	9	5	3	1	4	2	8
2	8	3	7	4	5	6	9	1
7	5	6	9	1	2	8	4	3
4	9	1	3	8	6	7	5	2

168

1	9	5	8	6	3	7	4	2
3	4	2	5	7	9	1	8	6
8	6	7	2	1	4	9	3	5
9	2	1	4	3	5	6	7	8
5	8	3	6	9	7	2	1	4
6	7	4	1	2	8	3	5	9
2	3	8	9	4	1	5	6	7
4	1	6	7	5	2	8	9	3
7	5	9	3	8	6	4	2	1

169

1	2	5	8	6	4	9	7	3
8	9	7	3	2	1	5	4	6
6	4	3	5	7	9	8	2	1
7	5	1	9	4	3	6	8	2
3	8	4	6	5	2	7	1	9
2	6	9	1	8	7	3	5	4
9	7	6	2	1	8	4	3	5
4	3	2	7	9	5	1	6	8
5	1	8	4	3	6	2	9	7

170

2	9	7	4	3	5	6	8	1
3	1	8	2	6	9	5	4	7
6	4	5	1	7	8	3	9	2
5	3	4	8	1	2	7	6	9
1	8	6	7	9	3	4	2	5
7	2	9	5	4	6	8	1	3
9	5	3	6	8	1	2	7	4
8	7	2	9	5	4	1	3	6
4	6	1	3	2	7	9	5	8

171

7	2	6	4	9	1	8	3	5
9	1	5	3	8	7	4	2	6
3	4	8	6	5	2	7	9	1
5	6	1	7	3	4	2	8	9
2	9	4	5	6	8	3	1	7
8	7	3	2	1	9	5	6	4
1	5	9	8	4	3	6	7	2
4	3	7	9	2	6	1	5	8
6	8	2	1	7	5	9	4	3

172

8	9	5	4	7	3	1	2	6
6	7	3	2	9	1	8	5	4
1	2	4	6	5	8	7	9	3
9	8	2	1	3	7	6	4	5
3	5	6	9	8	4	2	1	7
7	4	1	5	6	2	3	8	9
5	3	7	8	1	9	4	6	2
4	1	9	7	2	6	5	3	8
2	6	8	3	4	5	9	7	1

173

6	8	9	1	3	7	2	4	5
5	2	3	4	6	9	1	7	8
4	1	7	2	8	5	3	9	6
2	6	8	5	7	3	4	1	9
7	3	4	9	1	6	8	5	2
1	9	5	8	4	2	7	6	3
8	7	6	3	5	4	9	2	1
9	4	1	6	2	8	5	3	7
3	5	2	7	9	1	6	8	4

174

3	8	6	1	7	4	2	9	5
9	5	1	8	2	6	7	4	3
2	4	7	5	3	9	6	1	8
4	9	8	7	1	3	5	2	6
6	3	5	9	8	2	4	7	1
7	1	2	6	4	5	8	3	9
8	6	4	3	9	7	1	5	2
5	7	9	2	6	1	3	8	4
1	2	3	4	5	8	9	6	7

175

5	6	3	8	2	9	4	1	7
1	8	4	3	5	7	2	6	9
2	9	7	4	1	6	3	8	5
8	7	2	5	9	3	1	4	6
4	5	6	2	8	1	9	7	3
9	3	1	6	7	4	5	2	8
3	2	8	7	4	5	6	9	1
7	1	5	9	6	2	8	3	4
6	4	9	1	3	8	7	5	2

176

9	1	2	6	7	3	5	8	4
5	7	6	2	4	8	9	1	3
4	8	3	1	9	5	7	6	2
2	6	9	3	1	7	4	5	8
3	5	7	9	8	4	6	2	1
8	4	1	5	2	6	3	9	7
1	3	8	7	5	9	2	4	6
6	2	5	4	3	1	8	7	9
7	9	4	8	6	2	1	3	5

177

5	8	7	2	6	1	4	3	9
2	4	6	9	3	5	7	8	1
1	3	9	4	8	7	2	5	6
7	6	3	1	2	8	5	9	4
4	2	1	5	9	3	6	7	8
8	9	5	6	7	4	1	2	3
3	1	8	7	4	2	9	6	5
9	5	2	8	1	6	3	4	7
6	7	4	3	5	9	8	1	2

178

6	2	1	3	7	8	5	9	4
9	7	5	2	4	6	1	3	8
3	4	8	9	5	1	2	7	6
1	6	9	4	2	5	7	8	3
7	8	4	1	3	9	6	5	2
2	5	3	6	8	7	4	1	9
5	3	6	8	1	2	9	4	7
4	9	7	5	6	3	8	2	1
8	1	2	7	9	4	3	6	5

179

2	7	4	6	3	9	1	5	8
5	8	3	2	7	1	9	4	6
9	6	1	5	8	4	3	7	2
1	5	9	3	6	2	7	8	4
6	4	8	7	9	5	2	1	3
3	2	7	1	4	8	5	6	9
7	9	2	8	5	6	4	3	1
8	1	5	4	2	3	6	9	7
4	3	6	9	1	7	8	2	5

180

9	8	7	1	2	6	4	5	3
6	5	3	9	4	8	7	2	1
2	1	4	7	5	3	9	6	8
1	3	6	2	9	7	8	4	5
7	2	5	3	8	4	6	1	9
4	9	8	6	1	5	2	3	7
3	6	1	4	7	9	5	8	2
8	4	9	5	3	2	1	7	6
5	7	2	8	6	1	3	9	4

181

6	3	4	5	2	9	8	7	1
8	9	7	1	6	4	3	2	5
5	2	1	7	8	3	9	4	6
3	8	2	6	7	1	5	9	4
1	4	6	2	9	5	7	8	3
7	5	9	4	3	8	6	1	2
4	7	3	8	5	2	1	6	9
2	6	5	9	1	7	4	3	8
9	1	8	3	4	6	2	5	7

182

5	8	4	6	9	7	2	3	1
6	2	1	8	3	5	4	7	9
7	9	3	1	2	4	8	5	6
1	6	7	3	8	2	5	9	4
3	4	8	9	5	6	7	1	2
9	5	2	7	4	1	6	8	3
4	3	9	5	6	8	1	2	7
2	1	5	4	7	3	9	6	8
8	7	6	2	1	9	3	4	5

183

9	5	8	6	2	7	3	1	4
7	6	1	4	9	3	5	2	8
3	4	2	8	5	1	6	9	7
8	2	4	1	3	9	7	5	6
5	9	7	2	6	8	4	3	1
1	3	6	7	4	5	9	8	2
6	1	3	5	8	4	2	7	9
4	7	5	9	1	2	8	6	3
2	8	9	3	7	6	1	4	5

184

2	7	5	3	1	9	6	4	8
3	8	6	7	4	5	9	1	2
9	1	4	6	8	2	7	3	5
1	6	2	4	7	8	5	9	3
7	4	9	5	2	3	8	6	1
5	3	8	9	6	1	2	7	4
8	2	7	1	3	6	4	5	9
4	9	3	8	5	7	1	2	6
6	5	1	2	9	4	3	8	7

185

2	1	4	5	6	9	8	3	7
3	6	9	8	7	2	4	5	1
5	7	8	4	3	1	9	6	2
4	5	2	9	1	3	7	8	6
8	9	1	7	5	6	2	4	3
6	3	7	2	8	4	5	1	9
1	8	5	3	9	7	6	2	4
9	2	3	6	4	5	1	7	8
7	4	6	1	2	8	3	9	5

186

5	8	7	6	9	3	1	4	2
2	9	3	4	1	8	5	7	6
1	6	4	5	7	2	9	3	8
9	3	6	8	2	5	4	1	7
4	1	2	7	3	6	8	9	5
7	5	8	1	4	9	6	2	3
3	7	5	9	6	1	2	8	4
6	2	1	3	8	4	7	5	9
8	4	9	2	5	7	3	6	1

187

2	5	1	3	4	7	9	6	8
7	9	4	6	5	8	1	2	3
6	8	3	2	9	1	5	4	7
8	3	2	4	1	9	6	7	5
5	4	6	7	2	3	8	1	9
9	1	7	8	6	5	4	3	2
3	7	5	1	8	4	2	9	6
4	2	9	5	3	6	7	8	1
1	6	8	9	7	2	3	5	4

188

1	4	5	3	7	8	6	9	2
7	3	2	1	6	9	8	4	5
6	9	8	4	5	2	3	1	7
3	8	1	6	9	5	2	7	4
9	5	7	2	3	4	1	8	6
2	6	4	7	8	1	9	5	3
5	2	6	8	1	7	4	3	9
8	7	3	9	4	6	5	2	1
4	1	9	5	2	3	7	6	8

189

3	8	4	7	6	5	1	9	2
5	1	2	9	3	8	6	4	7
9	7	6	1	2	4	3	8	5
2	9	5	3	8	1	7	6	4
8	6	7	4	5	2	9	3	1
4	3	1	6	7	9	2	5	8
6	5	8	2	9	7	4	1	3
1	2	3	5	4	6	8	7	9
7	4	9	8	1	3	5	2	6

190

9	2	8	6	5	3	7	4	1
3	7	5	9	4	1	2	8	6
6	4	1	8	2	7	3	5	9
8	6	9	7	1	5	4	2	3
7	1	2	4	3	6	5	9	8
5	3	4	2	9	8	1	6	7
1	8	6	5	7	2	9	3	4
4	5	3	1	6	9	8	7	2
2	9	7	3	8	4	6	1	5

191

1	8	2	3	9	6	7	4	5
3	5	4	8	7	1	2	9	6
9	7	6	5	2	4	3	1	8
4	9	3	2	1	5	6	8	7
8	6	5	7	4	3	1	2	9
7	2	1	9	6	8	5	3	4
6	4	8	1	3	7	9	5	2
2	3	7	4	5	9	8	6	1
5	1	9	6	8	2	4	7	3

192

5	4	7	1	2	9	6	3	8
3	9	2	5	6	8	4	1	7
8	1	6	4	7	3	9	2	5
4	2	8	7	9	5	1	6	3
1	7	3	2	4	6	5	8	9
6	5	9	8	3	1	2	7	4
9	3	4	6	1	7	8	5	2
7	6	5	9	8	2	3	4	1
2	8	1	3	5	4	7	9	6

193

8	4	7	3	5	1	9	6	2
1	5	9	2	7	6	4	3	8
3	2	6	9	8	4	7	1	5
5	7	3	6	2	9	8	4	1
4	9	8	1	3	5	6	2	7
2	6	1	7	4	8	3	5	9
9	3	5	8	6	2	1	7	4
6	8	2	4	1	7	5	9	3
7	1	4	5	9	3	2	8	6

194

8	4	6	5	2	9	7	3	1
3	9	2	7	1	8	5	4	6
7	5	1	3	6	4	9	2	8
1	3	9	8	7	6	2	5	4
5	6	7	4	9	2	8	1	3
4	2	8	1	3	5	6	9	7
9	7	5	6	4	3	1	8	2
2	1	4	9	8	7	3	6	5
6	8	3	2	5	1	4	7	9

195

7	4	8	2	6	5	3	9	1
1	6	3	4	9	8	2	7	5
5	2	9	7	3	1	4	8	6
6	7	5	1	2	9	8	4	3
4	3	1	5	8	7	6	2	9
8	9	2	3	4	6	1	5	7
3	5	6	8	7	4	9	1	2
2	1	4	9	5	3	7	6	8
9	8	7	6	1	2	5	3	4

196

1	3	6	9	2	7	8	5	4
7	2	8	6	5	4	1	9	3
4	9	5	3	8	1	7	2	6
6	4	7	5	1	9	2	3	8
5	8	9	2	4	3	6	1	7
3	1	2	8	7	6	5	4	9
8	6	4	1	3	5	9	7	2
9	7	1	4	6	2	3	8	5
2	5	3	7	9	8	4	6	1

197

1	2	7	8	4	9	5	3	6
3	5	4	1	6	7	9	8	2
6	8	9	5	2	3	1	7	4
5	3	8	7	1	2	4	6	9
9	6	1	3	8	4	7	2	5
7	4	2	9	5	6	8	1	3
8	9	6	2	7	5	3	4	1
4	1	3	6	9	8	2	5	7
2	7	5	4	3	1	6	9	8

198

8	2	4	5	6	3	1	9	7
6	7	1	4	9	8	3	2	5
3	9	5	7	1	2	6	8	4
9	1	3	6	8	4	5	7	2
2	8	7	3	5	9	4	1	6
4	5	6	2	7	1	9	3	8
1	6	9	8	4	7	2	5	3
7	4	2	9	3	5	8	6	1
5	3	8	1	2	6	7	4	9

199

6	3	5	1	8	4	9	2	7
2	8	1	7	3	9	6	5	4
4	9	7	5	2	6	1	3	8
7	1	9	6	4	2	3	8	5
5	6	3	8	1	7	2	4	9
8	2	4	3	9	5	7	1	6
9	5	2	4	6	1	8	7	3
3	4	6	2	7	8	5	9	1
1	7	8	9	5	3	4	6	2

200

7	5	2	4	9	8	6	3	1
9	8	3	6	7	1	5	2	4
4	6	1	5	2	3	8	9	7
1	4	7	3	5	9	2	6	8
5	3	8	2	1	6	4	7	9
2	9	6	8	4	7	1	5	3
6	7	9	1	8	2	3	4	5
3	1	5	7	6	4	9	8	2
8	2	4	9	3	5	7	1	6

201

3	6	5	4	2	8	7	1	9
7	8	1	9	5	3	2	6	4
2	9	4	1	7	6	3	5	8
9	5	2	8	4	7	6	3	1
6	1	7	2	3	9	4	8	5
4	3	8	6	1	5	9	7	2
1	7	3	5	9	2	8	4	6
8	4	9	7	6	1	5	2	3
5	2	6	3	8	4	1	9	7

202

9	8	4	1	7	3	2	6	5
7	6	1	9	5	2	3	8	4
5	2	3	4	6	8	1	9	7
2	3	7	8	9	5	4	1	6
4	9	6	2	1	7	5	3	8
8	1	5	6	3	4	7	2	9
1	5	2	7	8	6	9	4	3
3	4	8	5	2	9	6	7	1
6	7	9	3	4	1	8	5	2

203

1	8	7	5	6	2	4	3	9
9	3	6	7	1	4	8	5	2
2	5	4	3	9	8	7	1	6
5	4	2	8	3	9	1	6	7
8	1	3	6	2	7	9	4	5
6	7	9	1	4	5	3	2	8
4	9	1	2	8	6	5	7	3
7	2	8	4	5	3	6	9	1
3	6	5	9	7	1	2	8	4

204

5	2	1	9	8	6	3	4	7
6	9	3	7	5	4	1	2	8
4	8	7	3	1	2	9	5	6
8	5	2	1	9	7	4	6	3
3	1	4	2	6	8	7	9	5
7	6	9	4	3	5	2	8	1
1	4	8	6	2	3	5	7	9
9	7	5	8	4	1	6	3	2
2	3	6	5	7	9	8	1	4

205

7	8	2	3	4	9	5	1	6
4	5	9	6	1	2	3	7	8
1	3	6	5	8	7	4	9	2
2	6	7	9	3	1	8	5	4
8	9	1	4	2	5	6	3	7
3	4	5	7	6	8	1	2	9
9	7	8	1	5	6	2	4	3
6	1	3	2	9	4	7	8	5
5	2	4	8	7	3	9	6	1

206

4	7	8	6	2	5	3	1	9
2	5	3	1	7	9	6	8	4
6	1	9	4	3	8	5	2	7
7	6	5	9	8	3	2	4	1
3	9	2	7	1	4	8	5	6
8	4	1	2	5	6	7	9	3
5	8	6	3	4	1	9	7	2
9	2	4	5	6	7	1	3	8
1	3	7	8	9	2	4	6	5

207

9	1	3	6	4	2	5	8	7
4	5	7	3	1	8	9	2	6
8	2	6	7	9	5	4	3	1
6	3	4	9	2	1	7	5	8
2	8	5	4	3	7	1	6	9
7	9	1	5	8	6	2	4	3
3	4	2	1	6	9	8	7	5
1	7	8	2	5	3	6	9	4
5	6	9	8	7	4	3	1	2

208

1	8	3	2	4	6	7	9	5
6	2	5	9	7	1	3	8	4
4	7	9	3	8	5	2	6	1
3	5	4	7	6	8	1	2	9
8	9	6	1	5	2	4	3	7
2	1	7	4	9	3	8	5	6
7	3	1	5	2	9	6	4	8
9	4	8	6	3	7	5	1	2
5	6	2	8	1	4	9	7	3

209

6	3	9	8	1	4	7	5	2
5	8	2	7	3	9	4	6	1
4	1	7	6	5	2	3	8	9
7	6	1	4	9	8	2	3	5
9	4	3	5	2	7	8	1	6
2	5	8	3	6	1	9	4	7
8	2	4	1	7	5	6	9	3
3	7	5	9	4	6	1	2	8
1	9	6	2	8	3	5	7	4

210

8	9	2	6	5	3	4	1	7
1	7	5	9	2	4	3	8	6
6	4	3	1	8	7	9	2	5
3	2	7	4	9	8	5	6	1
9	5	8	7	6	1	2	3	4
4	1	6	2	3	5	7	9	8
2	8	9	5	4	6	1	7	3
7	6	4	3	1	2	8	5	9
5	3	1	8	7	9	6	4	2

211

4	1	7	3	5	8	9	2	6
9	2	8	7	4	6	3	1	5
5	3	6	2	1	9	8	4	7
2	6	9	5	3	1	7	8	4
1	7	5	8	6	4	2	9	3
3	8	4	9	2	7	6	5	1
6	5	2	1	8	3	4	7	9
8	9	3	4	7	5	1	6	2
7	4	1	6	9	2	5	3	8

212

6	2	8	4	1	3	9	5	7
1	3	4	9	7	5	2	8	6
9	5	7	6	8	2	1	4	3
2	1	6	5	4	7	3	9	8
7	8	3	2	9	1	4	6	5
5	4	9	3	6	8	7	1	2
8	6	1	7	3	4	5	2	9
3	9	5	1	2	6	8	7	4
4	7	2	8	5	9	6	3	1

213

6	5	1	3	2	7	8	4	9
8	7	3	4	9	6	2	5	1
4	2	9	5	8	1	7	6	3
2	1	4	8	3	5	9	7	6
5	9	6	1	7	2	3	8	4
7	3	8	9	6	4	5	1	2
9	4	2	6	5	8	1	3	7
3	6	5	7	1	9	4	2	8
1	8	7	2	4	3	6	9	5

214

1	6	3	7	2	8	9	5	4
9	7	8	5	1	4	3	2	6
4	5	2	9	6	3	7	8	1
7	1	9	3	5	6	2	4	8
6	8	4	1	9	2	5	3	7
2	3	5	8	4	7	6	1	9
5	9	7	4	3	1	8	6	2
3	2	1	6	8	9	4	7	5
8	4	6	2	7	5	1	9	3

215

2	7	5	1	4	8	9	6	3
4	3	9	7	6	2	5	8	1
1	8	6	3	5	9	7	4	2
8	6	3	5	9	7	1	2	4
5	2	4	6	8	1	3	7	9
7	9	1	4	2	3	8	5	6
6	1	2	9	7	5	4	3	8
3	5	8	2	1	4	6	9	7
9	4	7	8	3	6	2	1	5

216

5	4	2	8	7	9	6	3	1
6	3	9	4	1	2	8	7	5
7	8	1	6	3	5	2	9	4
8	6	5	3	9	4	1	2	7
3	9	7	1	2	8	5	4	6
2	1	4	5	6	7	3	8	9
1	5	8	9	4	3	7	6	2
4	7	6	2	8	1	9	5	3
9	2	3	7	5	6	4	1	8

217

2	4	3	1	9	8	7	5	6
8	6	1	4	7	5	3	9	2
7	9	5	3	2	6	1	8	4
9	2	7	8	5	4	6	1	3
6	5	4	9	3	1	2	7	8
1	3	8	7	6	2	5	4	9
4	8	2	5	1	3	9	6	7
3	1	9	6	4	7	8	2	5
5	7	6	2	8	9	4	3	1

218

7	8	1	4	9	3	5	2	6
4	5	3	2	1	6	8	7	9
9	6	2	7	5	8	3	4	1
2	4	5	1	7	9	6	3	8
6	7	9	8	3	4	1	5	2
1	3	8	6	2	5	4	9	7
3	2	4	9	6	1	7	8	5
8	1	7	5	4	2	9	6	3
5	9	6	3	8	7	2	1	4

219

7	2	9	3	8	5	6	4	1
8	1	6	9	4	7	2	5	3
4	5	3	1	6	2	7	9	8
2	9	8	4	5	3	1	7	6
5	3	4	7	1	6	9	8	2
6	7	1	8	2	9	4	3	5
3	6	7	5	9	1	8	2	4
1	4	5	2	7	8	3	6	9
9	8	2	6	3	4	5	1	7

220

9	1	3	7	6	4	5	2	8
7	4	2	8	3	5	6	1	9
8	5	6	1	2	9	4	3	7
1	6	7	3	4	8	9	5	2
2	3	5	9	1	7	8	4	6
4	8	9	6	5	2	1	7	3
3	9	8	4	7	1	2	6	5
5	7	4	2	9	6	3	8	1
6	2	1	5	8	3	7	9	4

221

6	8	7	5	2	9	3	1	4
9	1	3	4	6	7	5	2	8
2	5	4	8	1	3	6	9	7
5	2	9	1	3	4	7	8	6
3	7	8	6	9	2	1	4	5
1	4	6	7	5	8	9	3	2
8	9	5	2	7	1	4	6	3
7	3	2	9	4	6	8	5	1
4	6	1	3	8	5	2	7	9

222

9	5	6	2	8	1	4	7	3
1	3	8	4	5	7	9	2	6
2	7	4	9	3	6	5	1	8
5	9	3	7	1	2	6	8	4
6	8	7	5	9	4	2	3	1
4	2	1	3	6	8	7	9	5
8	4	5	1	2	9	3	6	7
7	6	2	8	4	3	1	5	9
3	1	9	6	7	5	8	4	2

223

9	8	3	1	5	6	7	2	4
6	5	4	7	2	9	1	8	3
7	1	2	8	3	4	6	5	9
5	9	7	3	1	2	4	6	8
1	2	8	6	4	5	9	3	7
3	4	6	9	7	8	5	1	2
8	3	5	4	6	7	2	9	1
4	6	9	2	8	1	3	7	5
2	7	1	5	9	3	8	4	6

224

9	1	6	7	5	2	3	4	8
3	5	4	6	9	8	1	7	2
2	7	8	4	3	1	9	6	5
1	3	5	2	7	4	8	9	6
6	4	2	8	1	9	5	3	7
7	8	9	3	6	5	2	1	4
4	2	3	9	8	7	6	5	1
8	6	1	5	4	3	7	2	9
5	9	7	1	2	6	4	8	3

225

5	4	7	9	2	6	3	1	8
6	1	8	3	7	5	4	2	9
3	2	9	1	4	8	6	5	7
4	6	2	8	3	9	1	7	5
7	9	5	6	1	2	8	3	4
8	3	1	7	5	4	9	6	2
1	5	4	2	8	3	7	9	6
2	7	6	4	9	1	5	8	3
9	8	3	5	6	7	2	4	1

226

5	8	6	7	4	2	9	3	1
1	9	7	3	6	5	2	8	4
2	3	4	1	8	9	7	5	6
7	6	5	8	3	4	1	2	9
3	4	9	6	2	1	8	7	5
8	2	1	9	5	7	4	6	3
6	7	2	4	9	3	5	1	8
9	5	8	2	1	6	3	4	7
4	1	3	5	7	8	6	9	2

227

6	9	1	2	4	3	7	8	5
5	4	2	6	7	8	1	9	3
8	7	3	5	9	1	4	2	6
2	3	4	1	5	6	9	7	8
9	8	6	7	3	2	5	4	1
1	5	7	4	8	9	3	6	2
4	1	5	8	2	7	6	3	9
7	2	9	3	6	5	8	1	4
3	6	8	9	1	4	2	5	7

228

6	8	2	9	4	1	7	3	5
9	4	7	5	6	3	2	1	8
5	1	3	8	2	7	4	9	6
1	6	9	4	3	8	5	2	7
4	2	8	1	7	5	9	6	3
7	3	5	6	9	2	1	8	4
8	7	1	2	5	6	3	4	9
3	9	6	7	1	4	8	5	2
2	5	4	3	8	9	6	7	1

229

4	9	2	3	5	6	8	1	7
3	5	1	2	8	7	9	4	6
8	7	6	9	1	4	2	3	5
6	4	8	7	2	3	1	5	9
1	2	5	8	4	9	6	7	3
7	3	9	5	6	1	4	8	2
5	8	3	4	9	2	7	6	1
2	6	4	1	7	5	3	9	8
9	1	7	6	3	8	5	2	4

230

8	9	4	1	5	7	6	2	3
1	3	5	2	8	6	4	9	7
7	6	2	4	3	9	1	8	5
9	4	3	6	7	1	8	5	2
5	8	6	3	2	4	9	7	1
2	1	7	8	9	5	3	4	6
6	7	9	5	1	8	2	3	4
3	5	1	9	4	2	7	6	8
4	2	8	7	6	3	5	1	9

231

1	4	6	3	9	5	8	7	2
9	3	7	8	2	6	4	1	5
8	2	5	4	1	7	6	9	3
5	7	9	1	8	2	3	6	4
4	8	3	6	7	9	2	5	1
6	1	2	5	3	4	9	8	7
3	6	1	2	5	8	7	4	9
7	5	8	9	4	3	1	2	6
2	9	4	7	6	1	5	3	8

232

9	3	6	7	2	5	8	4	1
1	5	7	4	9	8	2	6	3
2	8	4	6	3	1	5	9	7
6	2	5	1	4	7	9	3	8
7	4	3	8	5	9	1	2	6
8	9	1	2	6	3	4	7	5
4	1	2	5	7	6	3	8	9
3	6	8	9	1	2	7	5	4
5	7	9	3	8	4	6	1	2

233

6	8	4	7	1	9	5	3	2
2	1	9	5	4	3	8	6	7
5	7	3	2	6	8	4	9	1
9	2	5	8	3	6	7	1	4
1	6	8	9	7	4	2	5	3
3	4	7	1	5	2	9	8	6
7	5	6	4	8	1	3	2	9
4	9	1	3	2	5	6	7	8
8	3	2	6	9	7	1	4	5

234

4	2	5	7	8	6	3	9	1
1	6	3	5	9	2	4	7	8
9	8	7	1	4	3	6	2	5
8	3	6	2	5	1	7	4	9
5	1	4	6	7	9	8	3	2
2	7	9	4	3	8	1	5	6
7	4	8	9	6	5	2	1	3
6	9	1	3	2	7	5	8	4
3	5	2	8	1	4	9	6	7

235

2	4	7	6	1	8	9	5	3
1	5	3	4	7	9	8	2	6
9	6	8	3	5	2	7	1	4
3	7	1	2	9	6	5	4	8
8	2	5	7	3	4	1	6	9
4	9	6	1	8	5	3	7	2
6	8	9	5	2	7	4	3	1
7	3	4	8	6	1	2	9	5
5	1	2	9	4	3	6	8	7

236

5	3	6	2	1	9	8	4	7
7	9	4	5	6	8	2	1	3
2	8	1	4	3	7	9	6	5
6	2	7	8	5	1	4	3	9
1	5	8	3	9	4	6	7	2
9	4	3	6	7	2	1	5	8
8	6	5	1	2	3	7	9	4
3	7	2	9	4	6	5	8	1
4	1	9	7	8	5	3	2	6

237

8	2	5	9	1	3	7	4	6
7	6	9	4	5	2	3	8	1
3	1	4	6	7	8	5	9	2
5	9	2	8	4	7	6	1	3
4	7	1	3	2	6	8	5	9
6	3	8	1	9	5	2	7	4
2	4	3	5	8	1	9	6	7
9	5	6	7	3	4	1	2	8
1	8	7	2	6	9	4	3	5

238

4	7	3	8	2	5	6	1	9
5	6	1	4	9	7	3	2	8
2	8	9	1	6	3	5	7	4
9	2	6	5	8	1	4	3	7
7	1	4	9	3	2	8	5	6
8	3	5	6	7	4	1	9	2
1	5	7	2	4	6	9	8	3
3	4	8	7	5	9	2	6	1
6	9	2	3	1	8	7	4	5

239

1	7	5	6	3	8	4	2	9
8	2	9	1	4	7	5	6	3
6	3	4	5	2	9	8	1	7
2	1	3	7	8	5	6	9	4
4	5	6	2	9	3	7	8	1
7	9	8	4	1	6	2	3	5
5	4	1	9	6	2	3	7	8
9	8	2	3	7	4	1	5	6
3	6	7	8	5	1	9	4	2

240

4	7	8	5	1	3	2	9	6
2	3	5	9	6	4	1	8	7
9	1	6	2	8	7	4	5	3
6	8	1	3	4	2	9	7	5
5	9	4	6	7	1	3	2	8
3	2	7	8	9	5	6	1	4
7	5	9	4	2	6	8	3	1
1	4	2	7	3	8	5	6	9
8	6	3	1	5	9	7	4	2

241

5	3	2	6	8	1	4	9	7
7	9	1	4	5	3	2	8	6
6	4	8	2	7	9	1	5	3
9	1	3	7	4	5	8	6	2
2	5	6	1	3	8	9	7	4
4	8	7	9	2	6	5	3	1
3	2	9	8	1	7	6	4	5
1	6	5	3	9	4	7	2	8
8	7	4	5	6	2	3	1	9

242

7	2	5	9	8	4	1	6	3
9	4	1	6	3	2	8	7	5
6	8	3	1	7	5	4	9	2
5	9	6	2	4	1	7	3	8
1	7	2	8	9	3	5	4	6
4	3	8	7	5	6	9	2	1
3	1	4	5	6	7	2	8	9
2	6	9	4	1	8	3	5	7
8	5	7	3	2	9	6	1	4

243

5	3	2	7	4	8	9	1	6
1	6	8	9	3	5	2	7	4
4	7	9	2	6	1	8	5	3
8	1	7	3	5	9	6	4	2
2	4	6	8	1	7	5	3	9
3	9	5	4	2	6	7	8	1
9	2	1	5	8	4	3	6	7
7	5	4	6	9	3	1	2	8
6	8	3	1	7	2	4	9	5

244

8	2	9	4	7	1	3	6	5
5	1	3	8	6	2	9	4	7
4	6	7	5	9	3	8	1	2
2	8	4	7	3	5	1	9	6
9	5	6	1	4	8	2	7	3
7	3	1	6	2	9	4	5	8
3	4	2	9	5	6	7	8	1
1	9	5	2	8	7	6	3	4
6	7	8	3	1	4	5	2	9

245

7	1	6	9	3	5	4	2	8
4	9	5	6	8	2	7	1	3
8	2	3	4	7	1	6	5	9
1	4	2	7	5	8	3	9	6
6	7	9	3	2	4	5	8	1
3	5	8	1	6	9	2	7	4
9	6	4	2	1	7	8	3	5
2	8	1	5	4	3	9	6	7
5	3	7	8	9	6	1	4	2

246

4	9	7	5	8	3	1	6	2
6	2	5	1	7	9	3	8	4
8	3	1	6	4	2	7	5	9
9	7	4	2	6	1	5	3	8
5	1	8	3	9	7	2	4	6
3	6	2	4	5	8	9	7	1
2	8	9	7	3	4	6	1	5
1	5	3	8	2	6	4	9	7
7	4	6	9	1	5	8	2	3

247

7	2	5	8	3	9	4	1	6
6	9	8	1	4	5	7	3	2
1	4	3	6	7	2	5	8	9
2	5	7	4	1	3	9	6	8
4	8	9	7	2	6	1	5	3
3	6	1	9	5	8	2	7	4
8	3	2	5	9	7	6	4	1
5	1	6	2	8	4	3	9	7
9	7	4	3	6	1	8	2	5

248

3	1	7	4	6	8	9	5	2
8	2	9	5	1	3	7	4	6
5	4	6	7	9	2	3	8	1
9	5	3	1	8	6	4	2	7
1	7	8	2	4	5	6	3	9
2	6	4	9	3	7	5	1	8
6	3	1	8	7	4	2	9	5
7	8	2	3	5	9	1	6	4
4	9	5	6	2	1	8	7	3

249

5	4	7	9	6	2	1	3	8
3	2	9	5	8	1	4	6	7
8	6	1	4	3	7	5	9	2
7	1	4	3	2	5	9	8	6
9	8	5	7	4	6	2	1	3
2	3	6	8	1	9	7	4	5
4	7	8	2	9	3	6	5	1
6	5	3	1	7	4	8	2	9
1	9	2	6	5	8	3	7	4

250

8	3	1	6	2	4	5	7	9
9	7	6	8	3	5	1	2	4
5	4	2	1	7	9	3	8	6
7	2	3	5	4	1	9	6	8
1	9	4	7	6	8	2	5	3
6	5	8	2	9	3	4	1	7
4	8	7	9	5	2	6	3	1
2	6	9	3	1	7	8	4	5
3	1	5	4	8	6	7	9	2

251

7	6	4	1	5	2	3	9	8
3	2	8	7	6	9	1	5	4
5	9	1	4	3	8	2	6	7
2	8	5	6	4	1	9	7	3
4	1	9	3	8	7	5	2	6
6	3	7	2	9	5	8	4	1
8	4	2	5	7	3	6	1	9
9	5	6	8	1	4	7	3	2
1	7	3	9	2	6	4	8	5

252

6	2	7	4	9	5	1	3	8
3	4	8	6	7	1	5	9	2
9	1	5	2	8	3	6	7	4
8	5	3	1	6	2	7	4	9
4	6	2	7	5	9	8	1	3
1	7	9	3	4	8	2	6	5
2	9	4	8	1	7	3	5	6
5	8	1	9	3	6	4	2	7
7	3	6	5	2	4	9	8	1

253

3	1	5	7	2	6	4	9	8
4	7	6	8	5	9	3	2	1
9	8	2	4	1	3	5	7	6
6	9	7	2	3	8	1	4	5
5	3	8	1	4	7	2	6	9
2	4	1	6	9	5	7	8	3
1	6	3	9	7	4	8	5	2
8	5	4	3	6	2	9	1	7
7	2	9	5	8	1	6	3	4

254

3	2	8	9	6	7	5	4	1
7	5	1	4	3	8	2	9	6
9	6	4	2	5	1	3	7	8
1	7	5	8	2	9	4	6	3
6	3	2	5	7	4	1	8	9
4	8	9	3	1	6	7	2	5
2	9	6	1	4	5	8	3	7
8	1	3	7	9	2	6	5	4
5	4	7	6	8	3	9	1	2

255

5	9	3	7	8	2	6	4	1
7	8	4	6	3	1	2	9	5
2	1	6	4	5	9	3	7	8
9	4	5	2	1	6	7	8	3
8	7	1	5	9	3	4	6	2
3	6	2	8	4	7	1	5	9
1	3	7	9	6	8	5	2	4
6	5	9	3	2	4	8	1	7
4	2	8	1	7	5	9	3	6

256

9	4	5	1	6	3	7	2	8
3	7	6	8	9	2	1	4	5
8	1	2	5	4	7	9	3	6
6	3	9	7	8	1	2	5	4
4	5	7	9	2	6	8	1	3
2	8	1	4	3	5	6	7	9
7	2	3	6	5	9	4	8	1
5	6	8	2	1	4	3	9	7
1	9	4	3	7	8	5	6	2

257

1	9	7	5	6	2	4	3	8
3	5	4	9	8	1	2	7	6
6	2	8	3	4	7	9	5	1
9	4	1	7	5	8	3	6	2
2	7	3	1	9	6	5	8	4
5	8	6	2	3	4	7	1	9
7	6	2	4	1	5	8	9	3
8	3	5	6	2	9	1	4	7
4	1	9	8	7	3	6	2	5

258

4	8	5	9	3	2	7	1	6
2	7	3	6	4	1	5	8	9
6	1	9	8	5	7	2	4	3
5	4	7	3	1	9	6	2	8
9	2	1	4	6	8	3	7	5
8	3	6	2	7	5	1	9	4
1	5	4	7	8	3	9	6	2
3	9	8	1	2	6	4	5	7
7	6	2	5	9	4	8	3	1

259

1	6	4	8	7	2	3	9	5
2	9	5	4	3	1	8	6	7
3	7	8	5	9	6	4	2	1
6	4	9	3	1	8	5	7	2
5	2	3	7	6	9	1	8	4
8	1	7	2	4	5	9	3	6
9	3	1	6	2	4	7	5	8
7	5	2	1	8	3	6	4	9
4	8	6	9	5	7	2	1	3

260

9	3	6	4	8	2	1	7	5
4	7	1	3	9	5	2	6	8
2	5	8	7	6	1	3	4	9
8	1	9	6	4	3	7	5	2
7	4	2	9	5	8	6	1	3
5	6	3	2	1	7	8	9	4
6	2	5	1	3	9	4	8	7
1	9	7	8	2	4	5	3	6
3	8	4	5	7	6	9	2	1

261

1	8	6	9	7	3	5	2	4
3	9	7	2	4	5	8	6	1
5	4	2	1	8	6	7	3	9
6	5	3	7	9	4	2	1	8
2	7	9	8	5	1	3	4	6
4	1	8	6	3	2	9	5	7
8	2	1	3	6	9	4	7	5
7	3	5	4	1	8	6	9	2
9	6	4	5	2	7	1	8	3

262

4	8	7	9	5	6	3	2	1
6	2	1	8	3	4	7	5	9
5	9	3	2	7	1	4	8	6
1	6	2	7	8	5	9	4	3
7	5	8	3	4	9	6	1	2
3	4	9	1	6	2	8	7	5
2	1	6	4	9	8	5	3	7
9	7	4	5	2	3	1	6	8
8	3	5	6	1	7	2	9	4

263

4	3	9	8	7	2	5	1	6
1	8	7	5	6	9	4	3	2
2	6	5	1	3	4	7	9	8
9	7	6	4	1	8	3	2	5
8	1	4	3	2	5	9	6	7
5	2	3	7	9	6	1	8	4
3	4	8	6	5	1	2	7	9
6	9	1	2	4	7	8	5	3
7	5	2	9	8	3	6	4	1

264

4	2	9	3	6	8	1	7	5
6	5	3	1	4	7	9	2	8
8	7	1	9	2	5	3	6	4
3	6	7	2	5	1	4	8	9
9	1	4	7	8	3	2	5	6
2	8	5	4	9	6	7	3	1
7	4	6	8	3	9	5	1	2
5	3	2	6	1	4	8	9	7
1	9	8	5	7	2	6	4	3

265

8	9	2	6	5	4	7	1	3
6	1	5	3	7	8	9	2	4
3	4	7	1	9	2	8	5	6
5	7	4	2	6	9	1	3	8
1	2	8	4	3	7	5	6	9
9	3	6	8	1	5	4	7	2
2	8	1	5	4	6	3	9	7
4	5	9	7	2	3	6	8	1
7	6	3	9	8	1	2	4	5

266

3	6	7	1	4	2	9	5	8
9	5	1	8	3	6	2	4	7
4	8	2	9	5	7	6	3	1
1	9	6	3	8	5	4	7	2
2	3	4	7	9	1	8	6	5
5	7	8	6	2	4	1	9	3
7	4	5	2	6	8	3	1	9
6	2	3	5	1	9	7	8	4
8	1	9	4	7	3	5	2	6

267

2	3	7	5	4	6	9	1	8
1	5	8	9	7	2	3	6	4
4	9	6	8	3	1	5	7	2
9	4	2	6	1	5	7	8	3
8	6	3	2	9	7	1	4	5
5	7	1	3	8	4	2	9	6
7	2	5	4	6	9	8	3	1
3	1	4	7	5	8	6	2	9
6	8	9	1	2	3	4	5	7

268

9	8	6	5	3	7	2	1	4
1	4	2	6	8	9	5	7	3
3	7	5	2	4	1	9	8	6
4	1	8	9	6	2	3	5	7
2	9	3	8	7	5	6	4	1
6	5	7	4	1	3	8	9	2
8	2	1	7	9	6	4	3	5
7	6	9	3	5	4	1	2	8
5	3	4	1	2	8	7	6	9

269

6	1	4	8	2	5	3	7	9
8	9	5	7	3	4	1	6	2
7	3	2	6	9	1	4	5	8
9	2	3	5	8	7	6	4	1
4	8	1	3	6	9	7	2	5
5	6	7	4	1	2	8	9	3
1	7	9	2	4	8	5	3	6
2	5	6	1	7	3	9	8	4
3	4	8	9	5	6	2	1	7

270

6	9	1	8	2	7	3	5	4
5	8	4	1	3	9	2	6	7
7	2	3	5	4	6	9	1	8
4	7	6	2	9	1	5	8	3
9	3	8	6	5	4	1	7	2
1	5	2	3	7	8	6	4	9
3	6	9	4	8	5	7	2	1
8	1	7	9	6	2	4	3	5
2	4	5	7	1	3	8	9	6

271

1	4	8	9	2	7	3	6	5
9	2	7	6	5	3	4	8	1
3	5	6	8	4	1	7	9	2
4	7	2	1	8	9	5	3	6
6	9	3	2	7	5	1	4	8
5	8	1	3	6	4	2	7	9
8	1	5	7	3	6	9	2	4
7	6	9	4	1	2	8	5	3
2	3	4	5	9	8	6	1	7

272

6	3	1	9	4	8	5	7	2
7	8	5	6	1	2	9	4	3
9	4	2	3	5	7	8	6	1
2	9	6	8	7	4	3	1	5
4	1	3	5	9	6	2	8	7
8	5	7	2	3	1	6	9	4
3	7	8	4	6	5	1	2	9
1	6	9	7	2	3	4	5	8
5	2	4	1	8	9	7	3	6

273

4	1	8	3	9	7	5	2	6
9	7	6	1	5	2	4	3	8
5	3	2	6	4	8	9	1	7
8	5	1	4	7	9	3	6	2
7	2	9	8	3	6	1	4	5
6	4	3	2	1	5	8	7	9
2	6	4	9	8	3	7	5	1
3	8	5	7	2	1	6	9	4
1	9	7	5	6	4	2	8	3

274

7	2	6	5	1	9	8	4	3
8	1	3	2	4	7	5	9	6
9	4	5	6	3	8	1	2	7
6	3	8	9	7	5	2	1	4
2	5	1	4	8	6	7	3	9
4	9	7	3	2	1	6	5	8
5	7	2	8	9	4	3	6	1
1	6	9	7	5	3	4	8	2
3	8	4	1	6	2	9	7	5

275

5	4	9	7	1	6	3	2	8
8	1	3	5	2	4	7	9	6
2	6	7	8	3	9	4	5	1
3	9	8	1	7	5	6	4	2
7	2	4	9	6	3	8	1	5
1	5	6	2	4	8	9	3	7
6	8	1	4	9	2	5	7	3
9	3	2	6	5	7	1	8	4
4	7	5	3	8	1	2	6	9

276

9	8	5	2	7	1	4	3	6
2	7	6	4	9	3	5	8	1
3	4	1	5	8	6	9	7	2
1	6	9	7	3	5	2	4	8
7	3	4	8	6	2	1	9	5
8	5	2	1	4	9	7	6	3
4	1	7	3	2	8	6	5	9
6	2	8	9	5	4	3	1	7
5	9	3	6	1	7	8	2	4

277

3	8	6	1	7	2	9	4	5
7	2	4	9	5	3	6	8	1
9	5	1	4	8	6	7	3	2
2	6	9	3	1	5	8	7	4
4	3	5	8	9	7	2	1	6
8	1	7	2	6	4	3	5	9
5	4	8	7	2	9	1	6	3
1	9	3	6	4	8	5	2	7
6	7	2	5	3	1	4	9	8

278

5	3	2	4	9	7	8	6	1
8	4	6	2	3	1	5	7	9
9	7	1	8	6	5	4	2	3
1	6	4	5	2	9	7	3	8
3	2	8	7	1	6	9	4	5
7	9	5	3	8	4	2	1	6
2	5	9	1	7	3	6	8	4
6	1	7	9	4	8	3	5	2
4	8	3	6	5	2	1	9	7

279

9	3	7	2	8	1	5	4	6
6	2	5	3	9	4	8	7	1
8	4	1	7	5	6	2	3	9
3	1	6	9	2	8	4	5	7
5	8	2	4	1	7	6	9	3
4	7	9	6	3	5	1	2	8
7	5	4	8	6	9	3	1	2
2	9	8	1	4	3	7	6	5
1	6	3	5	7	2	9	8	4

280

1	3	2	5	8	7	4	9	6
5	4	8	9	6	3	7	2	1
6	7	9	4	2	1	5	8	3
2	6	1	8	9	4	3	7	5
3	9	5	2	7	6	1	4	8
4	8	7	3	1	5	9	6	2
8	2	3	1	4	9	6	5	7
7	1	4	6	5	2	8	3	9
9	5	6	7	3	8	2	1	4

281

4	5	6	7	9	1	8	2	3
8	9	3	4	2	5	1	7	6
2	1	7	3	6	8	9	4	5
5	3	8	1	7	6	4	9	2
6	2	9	5	8	4	7	3	1
7	4	1	2	3	9	5	6	8
3	7	5	8	4	2	6	1	9
1	6	2	9	5	7	3	8	4
9	8	4	6	1	3	2	5	7

282

9	2	4	5	8	3	6	7	1
3	8	5	7	6	1	4	9	2
1	6	7	2	4	9	5	8	3
5	7	3	1	9	2	8	6	4
6	4	1	8	7	5	2	3	9
8	9	2	4	3	6	7	1	5
2	5	9	6	1	8	3	4	7
4	1	8	3	2	7	9	5	6
7	3	6	9	5	4	1	2	8

283

4	7	3	1	9	5	8	6	2
5	8	1	7	6	2	3	9	4
2	9	6	8	4	3	7	5	1
8	6	9	5	2	1	4	3	7
1	2	4	9	3	7	6	8	5
3	5	7	6	8	4	2	1	9
7	1	8	4	5	6	9	2	3
6	3	5	2	7	9	1	4	8
9	4	2	3	1	8	5	7	6

284

8	9	7	2	1	3	5	4	6
6	5	1	4	9	7	3	8	2
2	3	4	5	6	8	1	9	7
7	4	5	9	8	2	6	1	3
9	6	3	1	4	5	2	7	8
1	8	2	3	7	6	9	5	4
5	7	8	6	3	9	4	2	1
3	1	9	7	2	4	8	6	5
4	2	6	8	5	1	7	3	9

285

4	1	6	3	8	7	2	5	9
9	5	3	2	4	1	8	6	7
7	2	8	9	5	6	4	1	3
3	4	2	1	7	5	6	9	8
6	9	5	8	2	4	3	7	1
1	8	7	6	9	3	5	4	2
8	7	1	4	6	2	9	3	5
5	6	9	7	3	8	1	2	4
2	3	4	5	1	9	7	8	6

286

4	6	2	9	8	5	3	1	7
3	1	9	4	2	7	6	8	5
5	8	7	1	6	3	2	9	4
8	9	3	5	4	6	1	7	2
7	4	1	2	3	9	5	6	8
6	2	5	7	1	8	4	3	9
1	5	6	8	7	2	9	4	3
9	7	4	3	5	1	8	2	6
2	3	8	6	9	4	7	5	1

287

5	8	4	9	1	6	7	2	3
3	2	9	5	7	4	8	6	1
7	1	6	3	8	2	9	5	4
9	6	2	8	5	1	4	3	7
8	5	3	4	6	7	2	1	9
1	4	7	2	9	3	6	8	5
6	3	8	1	4	9	5	7	2
4	7	1	6	2	5	3	9	8
2	9	5	7	3	8	1	4	6

288

6	8	1	2	7	9	4	5	3
2	4	7	6	5	3	9	1	8
5	9	3	1	4	8	6	7	2
9	3	5	7	6	1	8	2	4
4	1	6	8	2	5	3	9	7
8	7	2	3	9	4	5	6	1
3	6	8	9	1	7	2	4	5
1	5	9	4	3	2	7	8	6
7	2	4	5	8	6	1	3	9

289

8	3	1	9	7	2	4	5	6
4	5	7	3	8	6	9	1	2
9	2	6	1	4	5	8	3	7
3	8	4	5	2	9	7	6	1
2	7	9	6	1	8	3	4	5
6	1	5	7	3	4	2	8	9
7	9	8	4	5	1	6	2	3
1	4	3	2	6	7	5	9	8
5	6	2	8	9	3	1	7	4

290

6	2	5	1	9	7	3	4	8
9	4	3	8	6	5	2	1	7
1	8	7	4	3	2	6	5	9
4	3	8	9	7	6	1	2	5
5	7	9	3	2	1	8	6	4
2	1	6	5	4	8	9	7	3
3	6	4	2	5	9	7	8	1
7	5	1	6	8	3	4	9	2
8	9	2	7	1	4	5	3	6

291

2	8	5	9	6	1	3	7	4
4	6	7	5	3	2	9	1	8
9	1	3	8	7	4	5	2	6
8	9	6	3	5	7	2	4	1
7	2	4	1	9	8	6	3	5
5	3	1	2	4	6	8	9	7
3	4	8	7	2	5	1	6	9
1	7	2	6	8	9	4	5	3
6	5	9	4	1	3	7	8	2

292

9	4	6	1	5	2	3	7	8
5	7	8	4	3	9	6	2	1
3	1	2	7	6	8	5	4	9
2	9	7	6	1	4	8	5	3
6	5	3	2	8	7	9	1	4
1	8	4	3	9	5	2	6	7
4	3	1	8	2	6	7	9	5
8	6	5	9	7	1	4	3	2
7	2	9	5	4	3	1	8	6

293

7	3	8	2	6	4	5	9	1
4	6	2	9	1	5	8	3	7
9	5	1	3	8	7	6	4	2
6	7	4	5	9	3	2	1	8
8	9	3	6	2	1	7	5	4
2	1	5	4	7	8	9	6	3
5	8	7	1	4	9	3	2	6
3	4	6	8	5	2	1	7	9
1	2	9	7	3	6	4	8	5

294

1	2	3	9	7	5	8	4	6
9	5	6	8	2	4	1	3	7
4	8	7	3	6	1	5	2	9
7	4	2	1	3	8	6	9	5
6	3	1	7	5	9	4	8	2
8	9	5	2	4	6	3	7	1
5	1	9	4	8	7	2	6	3
3	6	8	5	9	2	7	1	4
2	7	4	6	1	3	9	5	8

295

3	6	8	2	4	9	7	1	5
9	7	1	6	5	8	3	4	2
4	5	2	7	1	3	8	6	9
6	3	5	1	8	4	9	2	7
7	2	4	5	9	6	1	3	8
8	1	9	3	2	7	4	5	6
1	4	7	8	6	5	2	9	3
5	9	3	4	7	2	6	8	1
2	8	6	9	3	1	5	7	4

296

8	9	7	5	2	6	4	1	3
2	1	4	9	3	8	7	6	5
5	6	3	7	1	4	8	2	9
4	2	1	3	9	5	6	8	7
6	5	8	4	7	2	9	3	1
3	7	9	6	8	1	2	5	4
1	4	2	8	5	7	3	9	6
7	3	5	2	6	9	1	4	8
9	8	6	1	4	3	5	7	2

297

6	7	1	9	3	2	5	4	8
9	8	2	5	1	4	3	6	7
5	4	3	7	8	6	2	9	1
3	5	4	2	9	8	1	7	6
7	2	9	1	6	5	4	8	3
1	6	8	4	7	3	9	5	2
2	1	6	8	4	9	7	3	5
4	3	7	6	5	1	8	2	9
8	9	5	3	2	7	6	1	4

298

1	3	2	6	7	4	5	8	9
4	5	9	3	2	8	6	1	7
8	7	6	9	5	1	2	4	3
7	9	4	5	8	3	1	2	6
5	8	3	2	1	6	9	7	4
2	6	1	4	9	7	8	3	5
9	4	8	1	3	5	7	6	2
3	1	5	7	6	2	4	9	8
6	2	7	8	4	9	3	5	1

299

3	8	1	7	2	6	5	4	9
4	9	2	8	5	3	7	6	1
7	6	5	9	1	4	2	8	3
6	2	4	3	9	7	8	1	5
9	5	7	2	8	1	4	3	6
8	1	3	6	4	5	9	2	7
5	7	8	1	6	2	3	9	4
1	3	9	4	7	8	6	5	2
2	4	6	5	3	9	1	7	8

300

9	1	7	6	8	3	5	4	2
5	4	8	1	2	7	9	6	3
3	2	6	5	4	9	7	1	8
2	3	5	9	1	6	8	7	4
4	6	1	7	5	8	3	2	9
8	7	9	4	3	2	1	5	6
7	8	3	2	6	5	4	9	1
1	9	2	3	7	4	6	8	5
6	5	4	8	9	1	2	3	7

301

1	9	3	5	6	7	4	8	2
8	7	4	9	2	1	3	6	5
5	2	6	8	3	4	7	9	1
6	3	1	7	8	9	5	2	4
7	8	2	4	5	6	1	3	9
9	4	5	3	1	2	8	7	6
2	5	8	6	4	3	9	1	7
4	6	9	1	7	8	2	5	3
3	1	7	2	9	5	6	4	8

302

1	7	4	9	3	5	2	6	8
2	3	9	8	1	6	7	5	4
5	6	8	7	2	4	1	9	3
3	5	1	6	9	2	4	8	7
9	2	6	4	8	7	3	1	5
8	4	7	3	5	1	9	2	6
4	1	2	5	6	3	8	7	9
6	9	3	1	7	8	5	4	2
7	8	5	2	4	9	6	3	1

303

8	1	5	9	3	7	6	4	2
2	3	7	4	5	6	8	9	1
4	6	9	2	8	1	5	7	3
5	8	6	1	7	4	3	2	9
9	7	1	3	2	5	4	8	6
3	4	2	8	6	9	7	1	5
7	9	3	5	1	8	2	6	4
1	2	8	6	4	3	9	5	7
6	5	4	7	9	2	1	3	8

304

4	3	5	8	2	1	6	9	7
7	1	9	6	3	4	2	5	8
2	6	8	5	7	9	1	3	4
1	5	3	2	6	8	7	4	9
8	2	4	3	9	7	5	6	1
6	9	7	1	4	5	3	8	2
5	4	2	9	1	6	8	7	3
9	8	1	7	5	3	4	2	6
3	7	6	4	8	2	9	1	5

305

2	4	8	6	7	9	5	1	3
5	3	7	1	4	8	9	2	6
9	6	1	2	3	5	4	8	7
3	1	4	9	2	7	8	6	5
6	2	5	3	8	4	1	7	9
8	7	9	5	6	1	3	4	2
4	8	2	7	5	3	6	9	1
1	5	6	4	9	2	7	3	8
7	9	3	8	1	6	2	5	4

306

5	3	1	2	4	9	7	8	6
8	9	6	7	5	1	3	4	2
7	2	4	6	8	3	5	1	9
1	5	3	4	9	6	2	7	8
6	8	2	3	1	7	4	9	5
9	4	7	8	2	5	1	6	3
2	7	8	5	6	4	9	3	1
4	1	5	9	3	8	6	2	7
3	6	9	1	7	2	8	5	4

307

3	7	2	5	6	8	9	4	1
4	9	1	2	3	7	5	8	6
6	5	8	4	1	9	7	3	2
5	8	9	6	7	3	1	2	4
2	1	4	9	8	5	3	6	7
7	3	6	1	4	2	8	9	5
1	4	3	7	9	6	2	5	8
8	6	5	3	2	1	4	7	9
9	2	7	8	5	4	6	1	3

308

2	9	8	4	6	3	5	1	7
6	5	4	2	1	7	9	3	8
3	1	7	5	8	9	2	6	4
8	2	1	7	9	4	6	5	3
9	7	5	6	3	1	4	8	2
4	6	3	8	5	2	7	9	1
1	3	2	9	4	6	8	7	5
7	8	9	3	2	5	1	4	6
5	4	6	1	7	8	3	2	9

309

1	5	4	3	6	8	9	7	2
7	6	2	9	4	1	5	3	8
8	3	9	2	7	5	4	1	6
4	7	3	8	9	2	1	6	5
2	1	5	6	3	7	8	4	9
9	8	6	1	5	4	7	2	3
5	2	1	4	8	3	6	9	7
6	4	7	5	2	9	3	8	1
3	9	8	7	1	6	2	5	4

310

4	5	7	2	9	3	8	1	6
9	8	1	4	6	5	3	7	2
2	3	6	1	8	7	4	5	9
5	9	8	3	7	1	2	6	4
7	6	2	8	4	9	5	3	1
3	1	4	5	2	6	9	8	7
1	7	5	9	3	2	6	4	8
6	4	9	7	5	8	1	2	3
8	2	3	6	1	4	7	9	5

311

8	6	9	1	3	4	2	5	7
5	3	2	9	7	8	1	4	6
4	1	7	2	5	6	3	8	9
9	2	3	8	1	7	5	6	4
1	8	4	6	2	5	9	7	3
6	7	5	3	4	9	8	1	2
2	5	8	7	6	3	4	9	1
3	4	6	5	9	1	7	2	8
7	9	1	4	8	2	6	3	5

312

1	4	2	5	7	9	6	3	8
5	9	3	6	8	1	2	7	4
6	7	8	3	2	4	9	5	1
2	3	6	9	1	8	7	4	5
9	8	7	4	3	5	1	6	2
4	5	1	7	6	2	3	8	9
8	6	9	1	5	7	4	2	3
3	2	4	8	9	6	5	1	7
7	1	5	2	4	3	8	9	6

313

2	7	9	1	5	3	4	8	6
8	1	4	9	7	6	3	5	2
3	6	5	8	4	2	7	1	9
5	8	7	3	2	1	6	9	4
9	3	2	4	6	5	8	7	1
6	4	1	7	8	9	2	3	5
7	9	6	5	3	4	1	2	8
4	5	3	2	1	8	9	6	7
1	2	8	6	9	7	5	4	3

314

9	4	3	7	5	8	6	2	1
5	8	2	6	4	1	3	9	7
1	7	6	3	9	2	8	5	4
4	2	8	9	1	7	5	3	6
6	5	9	4	2	3	1	7	8
3	1	7	8	6	5	2	4	9
8	3	1	5	7	9	4	6	2
7	6	5	2	8	4	9	1	3
2	9	4	1	3	6	7	8	5

315

3	1	9	8	2	4	5	6	7
6	4	2	9	5	7	1	8	3
5	7	8	1	3	6	4	2	9
7	6	5	4	9	8	2	3	1
8	9	4	2	1	3	7	5	6
2	3	1	7	6	5	9	4	8
4	5	7	6	8	9	3	1	2
1	8	3	5	7	2	6	9	4
9	2	6	3	4	1	8	7	5

316

8	3	1	7	4	2	6	5	9
5	2	7	1	9	6	8	4	3
4	9	6	5	3	8	1	2	7
3	7	5	8	1	4	2	9	6
6	8	2	3	7	9	5	1	4
1	4	9	2	6	5	7	3	8
7	6	4	9	2	1	3	8	5
2	5	3	4	8	7	9	6	1
9	1	8	6	5	3	4	7	2

317

7	4	2	5	1	3	8	6	9
1	8	6	2	9	7	4	5	3
9	5	3	6	8	4	2	1	7
4	6	1	7	5	2	3	9	8
3	2	5	9	6	8	1	7	4
8	7	9	4	3	1	5	2	6
2	9	7	8	4	5	6	3	1
6	3	8	1	2	9	7	4	5
5	1	4	3	7	6	9	8	2

318

1	6	3	4	9	8	2	5	7
9	2	4	5	6	7	3	1	8
5	7	8	3	1	2	4	6	9
8	9	7	2	5	1	6	4	3
2	3	5	7	4	6	8	9	1
4	1	6	9	8	3	5	7	2
3	8	9	6	7	4	1	2	5
7	4	1	8	2	5	9	3	6
6	5	2	1	3	9	7	8	4

319

4	6	5	8	1	3	2	7	9
3	2	7	9	5	4	8	6	1
9	1	8	2	7	6	3	5	4
8	3	1	7	6	2	4	9	5
5	7	9	1	4	8	6	2	3
2	4	6	3	9	5	1	8	7
7	8	2	4	3	9	5	1	6
1	5	3	6	8	7	9	4	2
6	9	4	5	2	1	7	3	8

320

4	1	9	8	6	3	5	2	7
7	6	8	5	2	4	1	9	3
3	5	2	1	9	7	6	8	4
6	3	1	9	8	5	7	4	2
2	7	5	3	4	6	8	1	9
9	8	4	7	1	2	3	6	5
5	9	6	4	3	1	2	7	8
8	2	7	6	5	9	4	3	1
1	4	3	2	7	8	9	5	6

321

5	6	2	3	9	8	1	4	7
8	7	9	1	4	6	2	3	5
4	1	3	5	2	7	9	6	8
6	8	1	9	7	3	4	5	2
2	5	7	6	1	4	3	8	9
9	3	4	2	8	5	7	1	6
1	9	6	4	5	2	8	7	3
7	4	5	8	3	9	6	2	1
3	2	8	7	6	1	5	9	4

322

7	5	1	3	6	4	9	2	8
3	6	8	7	2	9	4	1	5
4	2	9	8	1	5	3	7	6
2	3	5	6	4	1	8	9	7
1	9	7	5	8	3	2	6	4
6	8	4	9	7	2	5	3	1
9	1	6	2	5	8	7	4	3
5	4	2	1	3	7	6	8	9
8	7	3	4	9	6	1	5	2

323

4	1	6	5	7	9	8	3	2
9	8	5	3	6	2	4	7	1
2	7	3	1	4	8	6	9	5
6	4	7	8	5	1	3	2	9
1	9	8	2	3	6	5	4	7
3	5	2	4	9	7	1	6	8
7	6	4	9	1	5	2	8	3
5	2	9	6	8	3	7	1	4
8	3	1	7	2	4	9	5	6

324

4	2	5	1	3	6	9	7	8
7	8	3	5	4	9	1	6	2
6	9	1	8	2	7	5	4	3
8	5	4	6	9	2	7	3	1
3	7	2	4	5	1	6	8	9
9	1	6	7	8	3	2	5	4
2	6	7	3	1	8	4	9	5
1	4	8	9	7	5	3	2	6
5	3	9	2	6	4	8	1	7

325

9	2	3	8	1	5	7	4	6
5	1	7	2	4	6	3	9	8
8	6	4	7	3	9	5	1	2
1	3	6	4	5	2	9	8	7
2	5	9	6	7	8	4	3	1
7	4	8	3	9	1	2	6	5
4	7	2	1	6	3	8	5	9
6	8	5	9	2	4	1	7	3
3	9	1	5	8	7	6	2	4

326

9	7	3	5	8	2	1	4	6
4	1	2	3	9	6	7	5	8
8	6	5	1	4	7	9	3	2
1	8	4	2	7	9	5	6	3
3	5	7	6	1	4	8	2	9
6	2	9	8	5	3	4	1	7
5	3	1	7	2	8	6	9	4
2	4	8	9	6	5	3	7	1
7	9	6	4	3	1	2	8	5

327

1	8	2	9	3	4	6	5	7
5	9	6	1	7	8	3	2	4
4	7	3	5	2	6	1	9	8
9	2	7	4	1	3	5	8	6
3	6	5	2	8	9	4	7	1
8	1	4	7	6	5	2	3	9
6	3	9	8	4	2	7	1	5
2	5	1	6	9	7	8	4	3
7	4	8	3	5	1	9	6	2

328

4	8	1	9	6	2	3	7	5
6	5	7	4	3	8	9	2	1
3	9	2	1	7	5	8	6	4
5	3	9	7	4	1	6	8	2
7	2	6	5	8	9	1	4	3
1	4	8	3	2	6	7	5	9
2	6	4	8	9	3	5	1	7
8	1	3	2	5	7	4	9	6
9	7	5	6	1	4	2	3	8

329

7	5	2	6	3	8	9	4	1
9	3	8	4	1	5	6	2	7
4	6	1	7	9	2	5	3	8
5	8	6	2	4	9	7	1	3
1	4	3	8	6	7	2	5	9
2	9	7	3	5	1	4	8	6
3	1	5	9	2	6	8	7	4
6	7	4	5	8	3	1	9	2
8	2	9	1	7	4	3	6	5

330

5	9	4	8	1	2	6	7	3
6	8	2	9	3	7	1	4	5
1	3	7	6	4	5	8	9	2
2	5	8	7	6	3	9	1	4
4	7	6	1	2	9	5	3	8
9	1	3	5	8	4	2	6	7
3	6	1	2	7	8	4	5	9
7	2	5	4	9	1	3	8	6
8	4	9	3	5	6	7	2	1

331

7	9	8	2	1	4	5	6	3
2	4	1	6	3	5	7	9	8
5	3	6	9	7	8	1	4	2
4	6	7	8	9	3	2	1	5
8	5	9	1	4	2	6	3	7
1	2	3	5	6	7	9	8	4
6	8	4	7	2	1	3	5	9
9	7	5	3	8	6	4	2	1
3	1	2	4	5	9	8	7	6

332

1	7	8	9	3	5	4	6	2
3	2	9	7	4	6	8	5	1
6	5	4	2	8	1	7	3	9
4	9	1	3	6	7	5	2	8
2	3	5	1	9	8	6	4	7
8	6	7	4	5	2	9	1	3
5	8	3	6	2	9	1	7	4
7	4	6	8	1	3	2	9	5
9	1	2	5	7	4	3	8	6

333

4	1	7	2	3	5	6	9	8
9	8	2	4	6	7	1	3	5
3	6	5	8	9	1	7	4	2
8	4	9	7	1	6	2	5	3
7	5	6	3	4	2	9	8	1
1	2	3	9	5	8	4	7	6
2	9	1	5	8	4	3	6	7
5	7	4	6	2	3	8	1	9
6	3	8	1	7	9	5	2	4

334

8	1	4	6	9	3	2	5	7
2	5	7	4	1	8	9	6	3
9	6	3	2	7	5	4	1	8
6	3	2	1	4	7	5	8	9
1	4	9	5	8	2	3	7	6
7	8	5	9	3	6	1	4	2
3	7	1	8	5	9	6	2	4
5	9	6	7	2	4	8	3	1
4	2	8	3	6	1	7	9	5

335

9	3	4	6	7	2	1	5	8
1	5	8	4	3	9	2	7	6
6	7	2	1	8	5	9	4	3
2	9	3	8	5	6	4	1	7
7	8	6	2	4	1	3	9	5
5	4	1	7	9	3	8	6	2
3	6	5	9	2	4	7	8	1
4	1	7	3	6	8	5	2	9
8	2	9	5	1	7	6	3	4